U0928719

广州市医学伦理学重点研究基地成果
广州市哲学社会科学发展“十二五”规划资助课题成果（课题编号：15Y56)

国家义务视野下的器官移植法

龚波 ◎ 著

中国政法大学出版社
2018 · 北京

图书在版编目（CIP）数据

国家义务视野下的器官移植法/龚波著. —北京：中国政法大学出版社，2018.5
ISBN 978-7-5620-8309-2

Ⅰ.①国… Ⅱ.①龚… Ⅲ.①器官移植—法规—研究—中国 Ⅳ.①D922.164

中国版本图书馆 CIP 数据核字(2018)第 124748 号

出版者　中国政法大学出版社
地　址　北京市海淀区西土城路 25 号
邮寄地址　北京 100088 信箱 8034 分箱　邮编 100088
网　址　http://www.cuplpress.com（网络实名：中国政法大学出版社）
电　话　010-58908285(总编室) 58908433（编辑部）58908334(邮购部)
承　印　北京京鲁数码快印有限责任公司
开　本　720mm×960mm　1/16
印　张　13.5
字　数　320 千字
版　次　2018 年 5 月第 1 版
印　次　2018 年 5 月第 1 次印刷
定　价　40.00 元

前　言

一、“国家义务”释义

从传统理论来理解国家义务是从国与国之间的关系出发的，国家有权力就必有义务。在国际法中，国家义务就是指国家不侵犯其他国家主权的义务。[①] 而本书提出的国家义务概念，指的是在一个国家内，国家对其公民的义务；国家有满足其公民权利需要的义务；国家义务是一个与国家权力相对应的概念。从这个概念可以说明两点：第一点是公民权利的需要决定了国家义务的内容，换一句话说，国家义务的依据是公民权利的需要；第二点是国家及其国家权力的存在是为了满足公民权利的需要。从具体个人与国家间的关系出发，把国家义务界定为国家对其公民所负有的一种职责，它是一个与公民权利相对应的概念。

那么，国家义务的理论，主要来源于哪些方面？第一，社会契约理论。社会契约论是16世纪以来在西方乃至全世界都极有影响力的一种国家学说。它主要从自然状态、契约关系的角度论述国家的起源，创制了主权在民、国家有义务保护公民的基本权利实现的理论体系。英国著名自然法学家霍布斯认为，人类天性中包含着求利、求安全和进行侵犯这三种基本要素。在自然状态中，人人享有自然权利，但由于人的天性

① 周鲠生：《国际法》（上册），商务印书馆1976年版，第233页。

中存在猜疑、争斗等非理性因素，因此人们又处于一种战争状态中，其生存与安全得不到保障。因而自然法的原则就是寻求信守和平与安全。同时为了和平安全目的，每个人都放弃自己的一部分自然权利而组成社会，以实现人类自我保护的目的，因而社会是契约的产物。而为了达到信守和平安全的目的，人类就必须遵守如下道德准则：遵守信约、宽恕、平等、公道、公平分配、相互尊重等。英国学者约翰·洛克则更明确指出，人们同意通过订立契约来建立政治社会，成立国家的目的，就是要求国家保障公民的生命、安全、自由平等、财产和追求幸福的权利。公民的这些权利不是外界的恩赐，而是公民应当享有的一种自然权利和天赋权利。由此引申出国家的权力来源于人民，国家应当依法履行自己的义务的观念，这一观念为国家义务学说提供了理论来源。但是，这一理论存在着严重缺陷，其一，国家起源的假设缺乏科学的根据，根据人类学、考古学和历史学的考证，国家起源真实的原因是社会分化为奴隶主、平民和奴隶三大阶级的前提下，阶级矛盾和阶级冲突不可调和的产物，根本不存在社会契约的历史事实，因而社会契约论的理论前提是值得商榷的，其所推论出来的结论，尽管在推翻封建制度，建立资产阶级制度中起了巨大的历史作用，但其理论根基却靠不住。其二，其所推论出的国家义务来源也是值得商榷的。众所周知，国家义务来源于调节社会阶级和社会阶层之间的矛盾和冲突的需要，国家义务的目的主要有两个，一是以强制性的形式维护国家统治的稳定性，保护统治阶级的统治基础的牢固；二是通过提供社会公共服务的形式来履行国家的社会公共职能，协调各阶级、各阶层的矛盾、冲突，以换取社会各阶级、各阶层最大限度的忠诚，达到社会秩序和政治秩序的稳定和平安。而社会契约论却忽视了社会的阶级和阶层性的存在，以虚幻的天赋人权和契约关系来代替社会分为阶级和阶层的事实，有悖历史常识，缺乏科学性。第二，福利国家理论。福利国家理论是西方发达国家通过创办并资助社会公共事业，实行和完善一套社会福利政策和制度，对社会经济生活进行干预，以调节和缓和社会矛盾，保证社会秩序和经济生活正常运行，维护国家稳定的一种社会制度安排的理论学说。它主张通过社会福利制度的推行，使全体国民都能享有最基本的公共事业服务和公共产品，避免因经济的发展，过度拉大贫富距离，使弱势群体不因贫穷而丧失最基本的生存能力和生存机会。它的价值基础是效率、正义和公民权利实现。就效率而言，当公民因某种原因而陷入困境时，国家有效率的帮助和支持就成为公民生活迅速恢复常态的关键，如果没有国家有效率的帮助或者国家的帮助不积极主动，公民的生活就难以恢复常态，正如美国主流经济学家威廉J·鲍莫尔在《福利经济及国家理论》中所说，一旦偏离了社会上最大社会集体福利的理想，如果没有国家法律的强制，……这种偏离常常由于无知或见闻不全而难以改正。政府主要应当帮助社会成员用最大的效率来达到他们自己的目的。[①] 就正义而言，社会正义是社会成员之间的公平分配。正义是法律的核心价值，也是法律最大的魅力所在，公正、有效的福利国家符合当代社会的普遍正义诉求。福利国家的基本理念就是每个公民都有权利获得国家的福利保障以免除市场社会的风险对个人生活的冲击。所以人们可以将福利国家定义为是对于公民的一些基本的、最低限度的福利负有保障义务的政治制度。就公民权利保障而言，公民权利的保障既是当代法理的要求，也是宪法规定的国家义务，因此，福利国家理论就自然蕴含着公民权利保护与实现的

① 参见：百度百科：http：//baike. baidu. com/item，最后访问日期：2018 年 6 月 12 日。

价值底蕴，其所要求提供的公共服务自然就起着保护与实现公民权利的作用。但是，这一理论也存在着缺陷，其一是不具有普适性。原因在于该理论忽视了经济发展水平与社会福利的关系，忘记了如果没有高度发达的经济水平的支撑，这一制度的设想根本无法实现。因此，这一制度比较适合于经济、文化高度发展、人口寡薄的小国，对于人口众多的、面积广阔的大国，即使经济文化高度发达，也不一定行得通，尤其是对经济文化和物质条件不太发达的国家，其社会效果可能会大打折扣。其二是忽视了社会经济发展的阶段性对社会福利提供的制约。从科学和客观的立场来看，国家对社会福利的提供是受经济发展水平和物质条件的制约的，不同的经济发展水平和物质条件，制约着国家对社会公共服务和公共产品的提供的质和量的不同。国家只能根据经济发展水平和物质条件来循序渐进地提供社会公共服务，而不能一揽子地把所有的社会服务统统包办下来，超出了国家经济文化的承受能力，最终影响到社会经济文化的健康发展，甚至导致国家福利体系的崩溃。第三，马克思主义国家义务理论。马克思主义认为，国家是分工和私有制的产物，是阶级社会中的特殊的公共权力，是经济上占有统治地位的阶级为了维护和实现自己的阶级利益，按照区域划分原则而组织起来的，以暴力为后盾的政治统治和管理组织。国家公共职能的理论依据在于，国家本质上是一种阶级的统治，但是，在剥削阶级统治的社会，统治阶级为了实现其统治的稳定性和有效性，往往不得不以形式上的中立者和公共利益的代表者的面貌出现，以国家的名义为本国的公民提供公共服务，履行国家的公共职能。社会主义国家公共职能的理论依据在于，国家是工人阶级和最广大人民利益的代表者，在这个范围内，国家是公共利益的代表者和实现者，国家应当运用国家的力量为广大人民提供公共服务，不谋取任何私利，而运用国家权力谋求特定社会团体或者私人利益，是与社会主义国家的这一特性相违背的。正是由社会主义国家性质所决定，社会主义国家始终把人民看作是国家的主人，把人民的根本利益看作是自己的最高目的，并运用宪法的形式确定了具有新的内涵的人民主权原则，真心实意地以人民利益为核心来履行国家义务，保护人民的利益不受侵犯，保障人民的利益得以实现。[①]

二、近十年的求索

长期以来，笔者的理论法学研究重心是卫生法学，笔者从 2008 年被中国人民大学法学院录取为法理学博士研究生，就开始从法理学方面对器官短缺这一问题进行梳理和探究，在博士导师朱景文教授的指导下，笔者的博士论文“人体器官移植中的器官短缺问题研究——法理学的视角”以优秀的成绩顺利通过博士论文答辩，获得博士学位。2011 年，笔者从中国人民大学毕业到广州医科大学卫生管理学院，成为法学系的一名法学教师工作至今。

笔者在紧张的法学教学工作之余，继续进行着相关的研究工作。先后主持并完成司法部国家法治与法学理论研究项目 2012 年度“人体器官短缺问题法理研究”一项、司法部国家法治与法学理论研究项目 2017 年度“政府责任下人体器官捐献补偿立法研究”一项、中国法学会部级法学研究项目 2016 年度“人权保障下人体器官有偿供取合法化研究”一项、广东省哲学社会科学“十二五”规划项目 2012 年度“广东省人体器官短缺问题法律研究”一项、广州市哲学社会科学发展“十二五”规划项目 2013 年度“器官移植中政府责任法理研究——以

① 参见：http：//dmt. gnnu. cn/zhenzxyl/7. 3. html. 最后访问日期：2018 年 6 月 12 日。

广州市为例”一项、广州市哲学社会科学发展“十二五”规划项目2015年度“国家义务视野下的人体器官移植法律制度研究”一项。

先后在《法制与社会发展》等A类国家权威期刊（法学）发表“人体器官获取行为的法律规制及其模式选择”等一系列器官移植法律问题相关论文十余篇。先后在《新华文摘》《法制与社会发展》《辽宁大学学报》《北京行政学院学报》等CSSCI刊物上发表法理学、刑法学、卫生法学等方面的学术论文近三十篇。出版专著《器官短缺：法理学的视角》一部，该专著荣获2016年度中国法学会法理学研究会“第三届孙国华法学理论优秀青年学术成果奖”二等奖。

三、回顾与展望

宋朝·苏轼《前赤壁赋》有云：“寄蜉蝣于天地，渺沧海之一粟。”笔者在近十年的学术大海中求索遨游，虽然取得了一些成绩，但却越发觉得学海无涯，太仓一粟。然而，即使是一颗小小的珍珠，它也会发出最美丽的光芒。回顾走过的路，心头涌动的是感恩与感动；展望未来的路，“千淘万漉虽辛苦，吹尽狂沙始到金！”

龚　波

2017年11月29日于羊城

目录 CONTENTS

第一篇　器官移植行为国家义务模式选择

第二篇　器官移植行为社会心理基础分析

第三篇　国家义务视野下器官移植法律规制

第四篇　器官捐献行为实证研究

第一篇
CHAPTER ONE

器官移植行为国家义务模式选择

人体器官获取行为的法律规制及其模式选择[①]

人体器官移植手术的医学价值和社会价值已经得到公认，法律理论和法律规定所要做的就是规制器官移植手术行为主体的资质而已，这已经没有多大难度。[②] 但是，人体器官移植行为必然牵涉器官的获取问题，而器官获取必然要牵涉获取渠道、获取行为方式和手段问题，这些问题不仅反映了不同的法律心理，而且制约着器官供体短缺问题的解决，因此探讨器官获取行为的法律心理与国家立法模式的关系就具有不可低估的现实价值和理论意义。

一、人体器官获取行为的分类

人体器官获取行为的分类，有不同的标准：既可以按照法律为标准把获取行为分为合法获取行为、非法获取行为、法律模糊地带的获取行为；也可以以提供者年龄为标准把获取行为分为获取未成年人器官行为与获取成年人器官行为；还可以以器官提供者的生命体征为标准把获取行为分为获取活体器官行为和获取尸体器官行为；还可以以提供主体的

① 龚波：“人体器官获取行为的法律规制及模式选择”，载《法制与社会发展》2014年第3期。

② 黄文艺等：“人体器官移植”，载《法制与社会发展》2004年第1期。

心理态度为标准把获取行为分为依照提供者意志的获取行为和违背提供者意志的获取行为。本书因为论题所限，仅对心理标准及其相关问题进行讨论。

（一）尊重提供者意志的获取行为

即在具有认识能力和意志能力的器官提供者依照自己的自由意志、自愿同意的前提下获取器官的行为。这种行为包括三种亚类型：

1. 通过活体自愿无偿捐献方式获取器官的行为

即通过具有生命体征，并具有法定的认识能力和意志能力的器官提供者自愿无偿提供活体器官的方式来获取器官的行为。这一行为是以捐献者的高尚动机为前提的，是患者和器官移植机构最希望或最期待的成本最小的一种获取方式，为大多数国家和政府所鼓励和支持。

2. 依照死者生前的捐献意愿获取其遗体器官的行为

这种获取行为也可以细分为：第一，以捐献者生前明示自愿捐献为前提的获取行为。即以捐献者生前明确表示在其死亡后捐献自己的遗体器官的承诺为前提，在其死亡后获取其遗体器官的行为。在我国，器官捐献者不论社会身份或法律身份如何（即使是死刑犯也是如此），只要符合法定的捐献条件，并且在意志自由的前提下，明确表示死后捐献器官，获取者就可以以医疗的目的摘取死者器官，以供移植之用。器官提供者的自愿捐献和知情同意是提供者自愿死后捐献器官的基本原则。人们生前自愿在死后将器官捐献给亲属或者他人是供移植器官的重要来源之一，也是最值得首肯的来源方式。这种利他主义的行为方式，值得鼓励和赞美，因为它的有效性高于其他的器官来源方式。第二，以推定捐献者死后自愿捐献为前提的获取行为。即在法律规制下，通过设定死者生前同意捐献器官的前提来获取其遗体器官的行为。推定捐献的基本含义是，只要公民在生前没有主动并明确地表示在其死后不愿意捐献其器官给他人的，则都可被推定为该公民在死后是自愿无偿捐献其器官的，除非该公民或其家属主动表示不同意才能撤销这种推定同意。推定同意是自愿死后捐献器官来源方式的升级版。它在充分尊重死者的生前遗愿和其家属意愿的基础上，既有效地增加了器官的来源，又有效地解决了尸体器官被白白浪费的问题，因此各国也积极立法支持这一器官获取行为方式。

3. 通过交易获取器官的行为

通过交易获取器官的行为也可细分为：第一，通过供体和受体双方的私下买卖交易获取活体器官的行为。即器官提供者与器官接受者私下达成买卖协议，由提供者出售自己的器官，接受者支付一定价金的非法交易行为。由于合法的器官供体的严重短缺，私下交易活动非常活跃，特别是在像中国这样贫富悬殊的国家，尽管法律明文禁止私下交易活体器官，但私下交易器官活动仍十分猖獗，层出不穷。第二，通过中介组织下的买卖交易获取器官的行为。即器官提供者本人不直接与接受者交易，而是通过非法的中介组织组织人体器官货源并由其提供给器官移植医疗机构或者器官接受者的交易行为。这种行为在大多数国家（包括中国）是被禁止的，并且在中国是一种严重的犯罪行为。但这种行为的确是全世界人体器官移植手术最主要的器官来源，如果没有这个来源，全世界的人体器官移植手术恐怕难以为继。

（二）违背提供者意志的获取行为

即在违背了具有认识能力和意志能力的器官提供者或者认识能力和意志能力丧失、衰弱的器官提供者的真实意愿的情况下，获取其器官的行为。违背提供者意志的获取行为主要可细分为：

1. 利用法律灰色地带获取器官的行为

即利用法律规定的模糊或者不明确的漏洞，即法律上所指的灰色地带，违反一般的社会道德和风俗习惯而实施的摇摆于合法与非法之间的行为。在我国人体器官移植过程中，利用法律灰色地带的行为主要表现是从死刑犯的遗体中摘取供移植手术之用的人体器官的行为，这也是我国目前人体器官的主要获取行为，可以说已是公开的秘密，对此，我国官方也公开予以承认；2005 年 7 月我国时任卫生部副部长黄洁夫在世界肝脏移植大会上第一次公开承认：目前，在中国进行器官移植的器官来源中，有 65% 的器官来源于死刑犯提供者。[①] 但是，这一做法在我国的法律规定中找不出任何国家层面的法律依据。

2. 盗窃活体器官行为

即采取秘密手段，违背被害人的意愿，获取被害人身上的活体器官以供移植之用的行为。其主要方式是指采用将受害人灌醉、麻醉或在手术中私自摘取等手段获取受害人器官。这种行为也在大多数国家被禁止。

---

① 参见“卫生部官员称器官移植大部分取自死囚”，载凤凰网：http：//news. ifeng. com/mainland/200908/0828_ 17_ 1325392. shtml，最后访问日期：2018 年 6 月 12 日。

3. 盗取尸体器官行为

即违背死者生前意愿和其家属意愿，采取秘密手段，获取尸体器官以供移植之用的行为。其主要方式是利用职务或职业的便利私自摘取医院死亡患者的器官。在美国、中国等进行器官移植手术的国家均屡次发生这样的案件。

4. 骗取活体器官行为

即采用虚构事实或隐瞒真相的方式，使得被害人自愿接受摘取器官手术，其行为实质上是违背了受害人的真实意思，也在法律禁止之列。

5. 暴力摘取人体器官行为

即违背被害人的意愿，采取以暴力、胁迫等使被害人及亡者家属不敢抗拒、不能抗拒的非法手段，强行摘取活体器官或者违背被害人生前意愿和其家属意愿强行摘取尸体器官供移植使用的行为。其中，暴力是指对受害人或亡者家属的身体采取捆绑、打击等控制手段；胁迫是指对受害人实施精神上的强制和压迫，往往表现为以暴力相威胁或以公开受害人有关隐私相威胁，侵犯对象包括正常成年人、未成年人、精神病人以及罪犯、战俘等。这样的案件在国内外屡屡发生，特别在中国有发展蔓延之势，其行为已经构成了故意杀人罪，理应受到法律的惩处。

6. 国家强制征收死者器官行为

即国家通过立法采取强制手段无偿征收死者的器官用于器官移植的行为。这意味着不管死者生前及其家属是否同意，死者的可用尸体器官一律被征收为国家资源而用于器官移植以拯救生者的生命和健康。这个方法比较有效地扩展了器官供体的来源，但有不尊重人的尊严和不尊重不同国家、不同民族的文化传统、社会心理差异之嫌，特别是在中国这个具有浓厚传统死亡文化的国度，人们普遍难以从观念上接受这种做法。

二、国外不同国家立法模式的述评

（一）前苏联强制征收死者器官法律模式

如前所述，国家强制征收死者器官的行为虽说在很大程度上解决了器官供体短缺问题，但却与当代人权保护的理念相冲突。前苏联采取的国家强制性征收的手段来解决器官供体短缺问题，这不仅与当时的欧美国家相对立，也与当今世界的人权理论潮流相冲突，同时也为当代中国的立法模式所不采纳，尽管它在解决器官短缺的问题上有较高的效率表现。

当然，我们也不能完全站在西方世界的价值立场全盘否定它的社会价值，因为各种不同的价值观所设定的人性基础是不同的：西方理论强调人性的恶是社会发展的动因，因此国家要充分满足人性中的功利性需要，社会才能发展；社会主义国家强调人性的善才是社会发展的动因，因此国家要充分发掘人性中的互助互爱精神，社会才能发展。作为世界上第一个社会主义国家的前苏联，它的道德观就是人人为社会出力，社会要充分照顾到每个人的利益，个人利益是与国家利益、社会利益融为一体的，在国家利益、社会利益面前不允许个人利益的独立存在。这种立法的价值底蕴是公共利益和社会价值至上，以国家主义的中央集权的方式来计划社会生活的方方面面，私人财产权和个人价值在社会主义公共利益和社会主义公共财产不可侵犯的法律语境下是没有任何地位的。

国家从公共利益和社会价值立场出发，采纳国家和社会资源学说，认为：人的遗体是社会资源，个人是社会的一分子，应承担社会性的、公共性的义务。个人的遗体应由社会来进行处分、处理。[①] 国家强制征收死者尸体器官而用于器官移植的行为不仅是合法的，而且符合社会主义的道德价值取向。在人体器官移植的立法中实行尸体器官来源的极端国家控制性原则就是这一道德观的体现。为了实现医疗活动救死扶伤的社会公益目的，该原则支持医疗机构以国家和社会利益名义对任何人的尸体器官进行强制性的无偿摘取。这种强制征收死者尸体器官的行为最大限度地保障了器官来源，取得了一定的社会效果。

但是，我们也应该看到，这种模式的价值底蕴是国家至上和国家专制，不考虑、不尊重个人的权利和自由，它是在最大限度地挤压个人自由空间的前提下，实行征收政策，它排除了死者及其家属对其尸体器官的处分权，也排除了器官移植中的任何物质性和精神性收益，同时，也排斥了对死者人格权的起码尊重。虽然它满足了患者的生命健康延续的需要，但有可能伤害器官供体本人和家属的个人感情，而这种感情的伤害又不可能有任何途径得到救济和补偿，因而这种制度的设计就存在着严重的缺陷：一方面，国家要尽量满足公共利益需要，自然也包括个人最低限度的与公共利益重合的那一部分利益。在价值选择上，国家强调社会公共利益至上，要求公民牺牲个人利益来满足公共利益的需要。另一方面，国家又应当在满足一部分人的利益需要的同时，以社会公共利益名义对做出牺牲那一部分人的利益损失做出合理的补偿，特别要对那些不情愿的个人的损害进行积极、合理的精神和物质上的补偿，否则就

---

① 余能斌、涂文：“论人体器官移植的现代民法理论基础”，载《中国法学》2003 年第 6 期。

会造成利益照顾的不周全，违背社会利益均衡原则。但是这种模式没有做出任何这方面的制度设计，而是以简单、方便、粗暴的方法，剥夺一部分人的利益以满足另一部分人的利益诉求，而不是用衡平的补偿办法来补偿提供者的利益损失。正因为这种专制集权式国家模式存在着严重缺陷，前苏联瓦解后，后继的俄罗斯放弃了这种模式，并禁止强制摘取人体器官的行为。1997 年生效的《俄罗斯联邦刑法典》第 120 条明确规定了“强制摘取人的器官或组织做移植罪”。

（二）美国、日本、西班牙等国无偿捐献器官法律模式

美国、日本和西班牙等国，在开拓人体器官来源方面是作了较大努力的。国家为此建构了比较完善的器官捐献制度和相关的运作机制，使这些国家的器官捐献率处于世界前列水平。无偿器官捐献制度其立法的价值底蕴是个人权利至上，兼顾社会利益，它符合了当今世界的人权理论潮流。但是，器官移植供体完全依赖于人们的无偿捐献行为，企图以人们捐献器官的无成本方式来解决器官短缺的问题，而放弃了对器官捐献人的奖励和补偿，忽视了人们的功利性需要，过分强调人们自愿牺牲精神的作用。这样的制度设计，自然难以与人们深层次的社会功利心理相吻合，使其难以收到很好的实效，结果是尽管这些国家在这种模式的框架内为解决器官来源尽了最大努力，但在解决器官短缺问题的制度设计上所取得的社会效果还很有限。

正因为这种国家模式存在缺陷的客观现实，迫使西方社会中的一些国家的公民不得不采取器官旅游的方法，到经济发展水平相对较低的国家去获得供移植之用的人体器官。2009 年，17 名日本人通过到中国旅游的方式接受了器官移植就是典型的一例。严酷的现实，使一些国家不

得不开始重新审视本国的国家模式，不得不回到现实主义的道路上来，采取一些务实的变通措施以应对器官短缺问题。如：2008 年 7 月，一向保守的新加坡卫生部长许文远也宣称，“由于可移植器官短缺和黑市器官买卖，让器官买卖合法化成为一个选项。”新加坡卫生部正在考虑人体器官买卖合法化，但前提条件是要找到一个“实际解决方案，让非亲属肾脏捐助者在不违反道德、不触动他人敏感神经的情况下获得合理报酬”。在新加坡国会讨论人体器官买卖议题时，许文远还重申：“我们不应该因为某个建议比较偏激或具有争议，就断然否决”。[①] 尽管他后来澄清他还是维持原先禁止器官买卖的观点，只是不应该排除任何“基于现实考虑的想法”。

（三）伊朗国家控制下的器官捐献、器官买卖法律模式

如前所述，单纯依赖器官无偿捐献的方式，是解决不了器官短缺的状况的。基于此，伊朗采取了更加独特、更加务实的法律模式，实行捐献来源和交易来源双轨制，试图通过多渠道来源方式来解决器官短缺问题，而不是把器官来源的希望仅仅寄托在人们的自愿捐献上。具体做法是，除继续鼓励器官捐献外，国家认可交易的有效性，但交易必须由国家控制并由国家出资取得，然后无偿提供给患者。这一制度在扩大器官来源、解决器官短缺的问题上取得了不俗的效果。

伊朗采取这种国家模式，其立法的价值底蕴是伊斯兰教教义中“凡救活一人的，如救活众人”的人伦精神。正是因为有这样的宗教信念，

---

① 参见“新加坡卫生部表示考虑让人体器官买卖合法化”，载网易网：http://news.163.com/08/0714/13/4GQM8VF0000/20GV.htm/，最后访问日期：2018 年 6 月 12 日。

在伊斯兰世界，社会鼓励和赞赏为了挽救他人的生命捐献自己器官的行为。认为这是一种正义之举，鼓励人们为了正义的事业牺牲自己的利益，即使付出代价也在所不惜。因为根据价值阶梯原则，“当二恶都不可避免时，选择恶小的”，对于救死扶伤、挽救他人生命所得到的价值要比保全捐献者身体或尸体的完整性有更重要的意义，由于相比较病人生死而言，器官移植对捐献者身体造成的伤害比不顾病人生死的恶要小，所以器官移植是被许可的。但坚决禁止人体器官的贸易，认为它不符合伊斯兰教法和伦理，但不反对接受器官移植者及其亲属出于感激，对捐献方主动赠送财物。[①] 正是基于这样的文化土壤，所以伊朗政府敢于在采取鼓励器官捐献政策的同时，又不违背伊斯兰教义原则采取由国家出资的办法对捐献者提供奖励和物质补偿，对出售者提供价金支付，尽可能地扩大器官供体的来源渠道，充分实现“人类的生命最高贵”的价值目的。[②] 在这一方面，伊朗政府积极地运用国家的力量开拓器官来源，把器官交易作为合法行为纳入国家控制的范围，实行国家控制下的、并由国家出资的有偿取得制度，并以此构筑了一系列的运作机制，确实在较大程度上解决了器官供体的来源问题。然而，这种做法虽然较大程度上扩大了器官来源、解决了器官短缺的来源问题，但是，该国所遵循的“当二恶都不可避免时，选择恶小的”、生命健康权要高于死者的尊严权，这样一种价值阶梯原则，却存在着争议。该国的制度设计是建立在其特有的伊斯兰宗教基础之上的，缺乏现代人权尊重和保护的法

---

① 努尔曼·马贤、伊卜拉欣·马效智：《伊斯兰伦理学》，宗教文化出版社2005年版。

② 在伊朗，为了配合政府买单、有偿器官供给制的实施，政府建立了透析与移植患者协会（DATPA）。政府不仅支付大学医院里肾移植团队的所有费用，而且，还提供补偿费用及健康保险给那些非亲属活体提供者。

理精神，其价值观与当今人权保护的思潮不尽吻合，因而其制度安排和运行机制的设计难以被普遍接受，不具有普适的价值性。

三、中国法律模式的选择与改进

（一）中国现行法律模式及其评价

中国现行法律模式与西方大多数国家采取的模式一脉相承，采取无偿器官捐献法律模式，在中国《人体器官移植条例》中对从活体上或尸体上摘取器官的行为作了严格的限制，并规定了遵循捐献自愿的原则，明确规定严格禁止人体器官买卖，提倡自愿捐献行为。但这一模式的运行效果并不好，据2012年3月26日人民网报道，启动两年的人体器官捐献试点工作，全国完成器官捐献207例，共捐献大器官546个，挽救540余名垂危的生命。这与每年有约150万的病人需要器官移植的数字相比，两年546个捐献器官简直是杯水车薪。[①] 这不仅远远未达到西方国家的比例，而且这一数字还有下降的可能，因为随着中国执行死刑人数的减少，主要依靠死囚来获得移植器官的畸形方式将难以为继。这说明中国的立法模式存在着严重的缺陷：一是法律位阶太低。国务院颁布实施的《人体器官移植条例》属于行政立法，位阶上属于行政法规，尚未上升为国家最高立法机关创制的法律。由于其位阶较低，其权威性和影响力受到影响，不利于调整人体器官移植的各种法律关系。二

① 参见“全国器官捐献试点已过两年，供求数量悬殊仍难破”，载人民网：http：//politics. people. com. cn/GB/1026/1748389/htm/，最后访问日期：2018年6月12日。

是缺乏与之配套的制度体系和运作机制。欧美等发达国家即使是仅仅依赖捐献为合法器官的唯一来源，但其在配套的制度设计和运作机制上还是有大作为的，由于篇幅所限，不再赘述。但中国大陆在立法方面，仅仅依赖一部法规，而不做其他配套制度的设计，也不建立有效的工作机制，实际上是不作为的表现。表明了政府不愿在这方面做更大的努力，其仅仅口头上依赖捐献来解决器官短缺问题的规定，也只能是画饼充饥，不起实效。三是以器官捐献为唯一的获取途径，违背了中国社会的一般心理，而没有足够的社会心理的支持，这一美好的愿望不可避免地落空。[①] 以上说明，要解决人体器官短缺问题，就必须根据中国的具体国情重新进行制度选择和制度设计。

（二）我国立法模式的现实选择——建构具有中国特色的人体器官移植的法律体系

1. 建立国家控制下的有偿捐献制度

捐献是一种无偿的奉献，是对需要帮助的对象无偿奉献自己的财物、身体器官甚至生命的行为。捐献是人类社会中高尚的品格，历来受到一般大众的称赞和褒奖。人体器官捐献更是一种值得称赞的行为，捐献行为人出于人类爱的情感，奉献自己的器官挽救他人的生命，对他人和社会做出了巨大的贡献，本身就是一种见义勇为的高尚行为。这种行为只对他人和社会有利，捐献者自己却没有任何利益收获，甚至在某种程度上还会由于社会和国家的冷漠，承担生命健康或情感方面的不利影

① 黄文艺等：“人体器官移植”，载《法制与社会发展》2004 年第 1 期。

响或伤害，这种影响或伤害有时甚至会累及捐献人的亲属，使家人承受巨大的情感痛苦。因此对于自愿捐献自己器官的行为，国家应该表现出极大的尊敬和关爱，除了给予精神上的褒奖外，还应给予物质上的奖励。这种奖励不是物质交换，也不是补偿，而是对于无私奉献的高尚精神的鼓励。它的目的是使更多的人受到鼓励而学习捐献行为，愿意捐献出自己的器官，而不是使无私奉献人在捐献出自己器官的同时，还要饱受国家的冷漠，使其他愿意捐献器官的人的情感遭受打击，从而堵塞了器官来源的渠道。

国家控制下的有偿捐献制度的经济支付包括三方面：一是对捐献人因器官移植而产生的费用的支付，这部分费用不应该由捐献人支付，而应该由国家支付；二是对超出捐献人器官移植费用的那部分奖金的支付，这部分资金属于对捐献行为的奖励，是捐献行为的精神收益；三是给予器官捐献者及其家属在日后需要器官移植时的优先获得器官供给权。国家对捐献行为的奖励只有包括了上述内容才算公平合理。

基于此，国家必须制定相应的法律制度，形成制度化的捐献褒奖规范。从实体上和程序上，对器官捐献的宣传、器官捐献的登记、器官的寻找、器官信息的交流、器官的配送、器官移植手术的进行、器官捐献人的奖励办法和数额等进行系统的管理。鼓励更多的人加入到器官捐献队伍中来，尽最大的可能扩大捐献器官来源，满足器官移植的需要。

2. 建立国家控制下的有限交易制度

鼓励人们捐献自己的器官，是国家的义务，更是国家的责任，但是这还不足以解决器官短缺的问题，因为绝大多数人由于文化的影响不愿捐献自己的器官，器官来源主要还是由非法途径解决。而失去国家控制的非法途径，不可避免地存在巨大的社会安全隐患，衍生出众多的社会问题，影响到社会秩序的稳定，最终不利于器官移植的正常发展。因此不如正视社会现实，建立国家控制下的器官交易制度。这个制度与黑市交易最本质的区别是它的国家控制性和合法性，交易行为完全是在国家设立的专门行政机构的管理和监督下进行和完成。在交易当中，国家设立的专门机构，不仅充当中介人的角色，为买卖双方提供法律服务，帮助双方当事人合法、顺利、安全地完成交易，而且对双方当事人的交易行为进行程序性的管理和监督，如：对交易的条件进行设定，对交易价格的合理性进行指导，对标的物的质量进行跟踪和检测，对标的物来源的合法性进行调查和登记。通过这些制度的设计来保障交易目的善良性和扩大器官来源的途径，并以此遏制非法器官交易的进行。①

3. 建立国家司法救济制度

国家司法救济制度主要包括两方面：

（1）对犯罪伤害的救济。由于供移植的器官的严重短缺，器官犯罪现象十分严重，特别是用犯罪手段摘取活体器官的活动非常猖獗，这就不可避免地给器官被摘取人的生命健康造成极大的危害。但由于相应的国家制度的缺失、刑事侦查能力的限制以及犯罪行为人的支付不能，被害人既不能从国家那里获得经济救济，也不能从犯罪分子那里获得赔偿，更不能从器官接受人那里获得补偿，个人和家庭生活陷入悲惨的境地中。因此，国家对这部分人给予司法救济就显得十分必要，这也是国家义务和国家责任的体现。因为，从法理上说，被害人之所以被害，归根到底是国家未尽力地提供社会安全产品和公共服务所致。因此，建立犯罪伤害的司法救济制度，依据法律对被害人提供适当、合理的经济补

① 黄文艺等："人体器官移植"，载《法制与社会发展》2004 年第 1 期。

偿，是必要的国家行为，也是国家换取国民对之忠诚的必要条件。

（2）对器官移植受体非法获得的器官予以确权。犯罪的非法收益处理问题是一个非常复杂的技术问题。就一般刑事犯罪而言，如盗窃罪、抢劫罪、诈骗罪所获得收益，一般采取返还给被害人的方式处理；对贪污贿赂罪所获得的犯罪收益一般以犯罪赃物的形式采取收缴的办法上缴国库处理。但是就人体器官来说，情况就复杂得多。因为不管以何种犯罪手段获得的人体器官已经由原来被害人身体机能的一部分变成了民法上可供交易的物，又由民法上可供交易的物变成了接受人身体机能的一部分，已经与其他维持生命健康的器官融为一体，不可分离，共同维持着生命的运转。倘若按照一般犯罪赃物处理的惯例，接受人植入的器官就要被重新地摘取，返还给被害人。那么，就不可避免地导致接受人的生命健康的危险，甚至直接导致接受人的死亡，这种行为无异于故意杀人，为法律所禁止；倘若不摘取移植到接受人身体中的器官，被害人的生命健康权和身体权就无法修复，这显然是不公平的，在法理上也是说不通的。面对这种两难境地，立法所应该做的，就是一方面不允许把已经移植到接受人体内的器官重新摘取出来返还给被害人，因为任何人都不得非法剥夺他人的生命，包括国家和政府。另一方面，国家又要尽相应的责任，履行相应的义务，在被害人拿不到犯罪人经济赔偿的情况下，给被害人一定的经济补偿。同时，对接受人所移植的器官进行权利的确认，承认接受人对移植器官的所有权，并与生命健康权和身体权融合为人身权，受到法律的保护，禁止任何人的非法伤害。

4. 建立阶梯式的国家资金支付制度

为了开拓器官的来源，解决器官短缺的问题，国家应当根据人趋乐避苦、趋利避害的功利取向，制定符合人的心理和行为习惯的资金支付制度。

按照价值阶梯的高低，对不同的器官来源给予不同的经济待遇。就器官移植而言，其来源主要通过三种行为方式：捐献行为、交易行为和犯罪行为（包括灰色行为）。就价值判断来说，捐献行为的社会价值最高，交易行为次之，犯罪行为最次，为行为无价值。对捐献行为而言，国家应给予一定的经济待遇，以示奖励。同时，为了提高社会的自愿捐献率，国家还应给予上述提及的各种优先待遇，彰显对捐献行为的尊敬。对于交易行为而言（指通过国家控制下的合法交易），由于出售人已经取得相应的对价，国家不予任何经济补偿，器官出售人不能享受国家提供的其他优先待遇，以示国家对这种行为的不鼓励态度。对通过犯罪方式获取器官的行为，如暴力、诈骗、非法交易等手段，国家不仅要行为人承担相应的刑事责任，而且要没收犯罪所得并对犯罪行为人处以罚金和没收财产，使行为人得不偿失，显示国家对这种行为的否定态度。通过国家阶梯式的资金支付制度，可有效地扩展合法器官的来源。

5. 建立国家控制下的有限资助制度

为了保障社会弱势群体生命健康权的实现，国家还应当建立有限资助制度，帮助弱势群体中的患者获得所需的器官，保障其不因为经济上的贫困而丧失生命和健康。这项制度主要包括：

（1）资助对象的有限性。资助对象必须是符合国家所设定的贫困标准的穷人，富人不能享受任何经济资助。具体做法是，当穷人因病需要接受器官移植时，如果找不到所需的捐献器官，而又没有经济能力购买所需的器官的情况下，穷人可以向国家相关部门提出资助申请，经审查批准后，穷人可以拿到一笔资金在国家的控制下购买自己需要的人体器官，以恢复其生命健康。

（2）资助比例的合理性。国家对贫困群体的资助应该符合比例合理性原则，即国家应该根据贫困人群的贫困度，设立若干等级的资金资助比例。当贫困患者提出资助申请时，国家相关行政机关首先应对贫困患者的经济状况进行评估，并根据评估结果给予不同的资金资助。对于确实没有任何支付能力的最贫困的患者，国家应该给予全额资助；对于有一定支付能力的贫困患者，国家在评估后可补足资金差额的部分；对于可以通过自行努力解决资金来源的患者，国家不予任何资助。

通过上述五项制度的设计，可以最大限度地解决器官短缺问题，保障人们生命健康权利的尊重、保护和实现。

论人体器官移植中器官短缺问题的国家义务模式[①]

现代医学的高度发展促进了人体器官移植这门新兴医学技术的诞生。但是自从这门技术诞生以来，器官供体的短缺就成为一个世界性难题，供需矛盾十分突出。器官短缺已经成为器官移植手术健康开展的瓶颈。

如何破解这个难题？这是一个一直摆在各国政府面前的难题，也是法学界、其他社会科学界一直关注的问题。世界主要国家和政府纷纷建立了以自愿捐献为核心的国家义务模式来解决器官短缺问题，但由于各国的理论基础和价值取向不同，效果不一，总体来说，器官短缺问题解决得并不好。因此，从国家义务模式的角度来探讨器官短缺问题，全面检讨各国政府在器官短缺问题中所采取的方针、政策及其立法模式的得失，有助于器官短缺问题的较好解决。

一、国家义务模式概说

（一）国家义务概念及其特征

国家义务，指的是在一个国家内，国家对其公民的义务；国家有满

① 龚波撰写，刊于《求索》2013 年第 6 期。

足其公民权利需要的义务。从具体个人与国家间的关系出发，把国家义务界定为国家对其公民所负有的一种职责，它是一个与公民权利相对应的概念。

1. 道德性

国家在其管辖范围内提供的公共服务应该符合道德目的，符合社会广泛认同的价值取向。具体到人体器官方面，国家为公民提供器官来源应该遵守不害人的最低道德底线，符合救死扶伤的医学伦理，而不是利用公权力去获取不正当的利益，违反尊重生命健康权的伦理要求。

2. 功利性

国家在其管辖的范围内所提供的服务应该具有正面的功利目的，它包括两方面内容：一是为它的公民应享权利提供应有的保障，达到提高公民生命健康质量的功利目的；二是通过为它的公民提供应享有的公共产品来换取公民对国家和法律的忠诚，以维护统治秩序和社会秩序的稳定。具体就人体器官移植而言，国家积极地开拓人体器官供体的来源渠道，扩大人体器官供体的供应量，不仅能满足救死扶伤的伦理要求，而且能满足抑制非法交易、打击犯罪活动的统治要求。

3. 平等性

国家所提供的公共服务应当平等地惠及它的每一个成员，没有身份、财富、民族、信仰方面的歧视。就人体器官移植而言，国家应当平等地对其需要器官移植的成员提供免费的治疗和无偿的器官供体，使它的成员的法律权利转变为实实在在的社会福利。

4. 均衡性

国家所提供的公共服务，应当最大限度满足社会不同利益群体的不同诉求和共同诉求，并善于协调各方面利益的冲突和矛盾，在它们之间寻找平衡点，维护社会秩序动态性的和谐与统一。就人体器官移植而言，国家不仅应当最大限度地提供器官供体来源的保障，以满足患者的生命和健康延续的需要，而且应当同时合理地满足器官提供人的精神和物质的正当需求，达到两者的均衡状态。

（二）国家义务的内容

1. 尊重的义务

即指国家政府应当尽力地维护公民依法享有的公认的权利和自由的尊严，并且应当对这些权利和自由的行使怀有敬畏之意。

2. 保护的义务

即指为了避免第三方对这些权利和自由的侵犯，要求国家政府采取通过立法或其他途径的措施来阻止并防止这种侵害。

3. 实现的义务

即指为了全面实现公民权利，国家政府应采取适当的立法、行政、司法、预算以及其他措施来确保这些权利的充分实现。实现的义务可以分为两个方面：促进的义务和提供的义务。[①] 促进义务即要求国家采取适当的法律、行政、司法、预算等措施全面实现公民权利；而提供义务则要求国家为实现权利直接提供援助或服务。

在尊重、保护和实现三者之间的关系中，“尊重的义务”是前提，

① A. 埃德：“国际人权法中的充足生活水准权”，载刘海年主编：《经济、社会和文化权利国际公约研究》，中国法制出版社2000年版，第226页。

"保护的义务"和"实现的义务"则是"尊重的义务"的具体表现。

（三）生命健康权保障中的国家义务

作为人权中一项基本的人身权利——生命健康权的真正实现，必须要依赖于国家主动的、积极的干预与协助。也就是说，公民生命健康权的实现程度，在一定程度上，取决于国家义务的轻重和多寡。为此，国家须承担尊重、保护和实现的三大义务来真正地保障公民的生命健康权。

1. 国家对生命健康权负有尊重的义务

国家的尊重义务表现在：国家应当尽力地维护公民依法享有的生命健康权利、不剥夺公民所必须享有的维持其生命健康的权利；有义务对公民的精神和身体健康不进行侵害、对公民为维持其生命健康所实施的行为不进行干预；有义务对公民维持生命健康所必需的生活用品不查封、不扣押；有义务对第三人向权利人提供生命健康所需要的信息、物品和服务不作妨碍，等等，并对这些权利和自由的行使怀有敬畏之意。

2. 国家对生命健康权负有保护的义务

国家的保护义务主要包括通过立法颁布法律法规、制定相关政策以及建立基本运作机制等来保障公民的生命健康权利。具体体现在：

（1）国家有义务通过立法确保公民的生命健康权。这包括：第一是国家有义务通过立法制定，表达国家承认并保护客观存在的公民生命健康权的态度；第二是国家有义务通过立法将应有生命健康权转化为法定生命健康权，通过国家强制力的保障实施真正赋予公民生命健康权；第三是国家有义务通过制定法律法规、部门规章及其他规范性文件，对与公民生命健康息息相关的行业、部门与市场进行规范管理，更全面地保障公民的生命健康权。

（2）国家有义务制定相关政策确保公民的生命健康权。这包括：第一是国家有义务制定相关政策加强对职业病、地方病，艾滋病等传染性疾病的预防和控制，确保公民的生命与健康；第二是国家有义务制定相关政策对卫生资源进行按需分配、倾斜性地保护社会弱势群体健康，从宏观上不断地缩小城乡地域差距以及不同人群之间的健康水平差距；第三是国家有义务制定相关政策扶植医药产业和医药科技的发展，不断地提高现代医药科技水平进而更好地保障公民的生命健康权；第四是国家有义务制定相关政策改善食物结构、提高营养水平，更全面地保障公民的生命健康权。

（3）国家有义务建立基本运作机制、基础设施来保障公民生命健康权。这包括：第一是国家有义务建立适合本国国情的医疗保障制度；第二是国家有义务建立不同类型、不同层次的医疗机构；第三是国家有义务建立重大、突发性的公共卫生事件的处理机制、公共卫生监督和预警机制以及与之相适应的程序；第四是国家有义务建立健康情报体系。

3. 国家对生命健康权负有实现的义务

国家的实现义务是国家义务对公民生命健康权在微观层面的具体实现，需要国家行使国家权力采取具体措施鼓励、支持公民实现生命健康权，甚至以具体行动直接参与到实现公民生命健康权的过程，以能真正地实现公民生命健康权。这体现在：第一是国家有义务通过卫生行政执法部门执法以规范医药市场、卫生服务市场的行为，解决纠纷，排除对公民生命健康权的侵害行为。同时，国家对卫生行政执法行为进行检查和监督。第二是国家有义务通过司法部门履行司法程序实现对公民健康权的救济。[①]

（四）国家义务的类型

1. 义务履行充分型（完全型）

即国家竭尽全力，充分履行尊重、保护和实现的义务，特别是注重实现义务的履行，使公民不折不扣地享有法律赋予的权利。义务履行充分型不仅重视在尊重和保护方面的积极作为，而且主张在尊重、保护和实现方面都有积极的作为，实现三位一体的积极作为模式，使公民的权利得到全方位的重视。具体关切到公民的生命健康权安全的器官移植方面，国家/政府不仅要积极地禁止各种侵犯生命健康权行为的实施，而且要以对公民的生命健康权的安全提供可靠的医学技术保障和器官来源保障的积极手段来表示自己的敬意和关怀：不允许只提供禁止性的法律命令来打击和控制其他不合法的器官来源，而是要在打击和控制不合法的器官来源的同时采取积极的手段和对策为患者提供合法、可靠的器官来源，完全履行自己的职责。

2. 义务履行有限型（片面型）

即国家政府未竭尽全力履行自己应尽的职责，未对公民应享有的权利进行全方位的保护，而是选择性地对公民应享有的权利进行有限的保障。具体来说，就是对公民应享有的权利一方面进行理论上的尊重，但不体现在任何制度规定和运作机制上的实际直接尊重，不提供任何保障性的政策和措施；另一方面又从具体的立法和司法上禁止对公民应享有

---

① 韩世强：“公民健康权的实现与国家义务的研究”，载《时代人物》2008 年第 2 期。

的权利进行侵害，以当为而不为、当为而为的两种方式有限地履行自己的义务。反映在人体器官移植方面，就是国家政府对公民生命健康权的保护采取的是一头冷一头热方式，即轻视器官来源的保障性制度和运作机制的建构，重视对侵犯生命健康权的犯罪行为的打击和控制，片面履行自己应尽的职责。

3. 义务履行不作为型

即国家政府根本不履行自己应尽的义务，对公民应享有的权利采取漠视的态度，不予以任何应有的关照。对公民的权利既不从制度上进行名义确认和尊重，也不进行任何实质性的保障制度和运作机制的建构；或者仅仅是一种在法律制度上的口头或空头的尊重，而在实践中根本不提供任何保障性的手段，放任不作为的行为的发生，使公民应享有的权利时时处于危险状态中，甚至在某种程度上容忍对公民应享有权利的侵害行为的实施。这种模式反映在人体器官移植方面，就是国家/政府一方面在法律中表示了对公民生命健康权的尊重，但另一方面在器官供体短缺问题上却不主动提供任何帮助，甚至纵容灰色器官来源渠道大量存在，更甚者有的地方政府和司法机关采取非法的手段直接参与器官犯罪行为，完全不尽自己应尽的义务。

二、国外器官移植国家义务模式及其效果的法理透析

（一）美、日、西班牙等发达国家器官移植国家义务模式的法理透析

美、日、西班牙等发达国家在器官移植方面主要采取鼓励自愿捐献

的国家有限履行义务模式，对人体器官来源进行规范，以解决器官短缺问题。其立法的价值底蕴是个人权利至上，兼顾社会利益，它符合了当今世界的人权理论潮流。国家首先在无条件保障器官提供人的利益绝对安全和主观动机绝对纯洁的前提下，而后才考虑器官接受者的生命健康权的需要。在这样的严格条件限制下，即使是器官提供人出于自愿有偿地提供自己的器官，在满足患者的生命健康的要求的同时又满足了自己的利益诉求，并且不影响自己的生存质量，也不为法律所准许，即使牺牲患者的生命健康权也在所不惜。因此，这种国家义务模式存在着严格限制器官供体来源的缺陷，基本上未解决器官短缺问题。其结果是，尽管美国、日本和西班牙等国，在开拓人体器官来源方面作了较大努力，为此建构了比较完善的器官捐献制度和相关的运作机制，使本国的器官捐献率处于世界前列水平，但实际捐献率并不高。在美国，每百万人中有26.5人捐献器官，在西班牙，2008年器官捐赠者在每百万人例数中所占比例最高为38.1/百万人。[①] 在日本，因脑死亡而自愿捐献可供移植的肾脏不到30%。[②] 器官短缺问题依然严重。这就迫使一些患者不得不利用到经济发展水平相对较低的国家旅游的方式来获取器官。严酷的现实，使一些国家不得不开始重新审视本国的国家义务模式，不得不回到现实主义的道路上来，采取一些务实的变通措施以应对器官短缺问题。如：2008年7月，一向保守的新加坡卫生部长许文远也宣称，“由于可移植器官短缺和黑市器官买卖，让器官买卖合法化成为一个选项。”新加坡卫生部正在考虑人体器官买卖合法化，但前提条件是要找到一个

---

① 参见：《中华移植杂志》(电子版)，2009年5月第3卷第2期。

② 沈昀：“健康人捐出部分器官对身体影响不大”，载《南方日报》2007年8月2日，第B03版。

"实际解决方案，让非亲属肾脏捐助者在不违反道德、不触动他人敏感神经情况下获得合理报酬"。[①] 尽管他后来澄清他还是维持原先禁止器官买卖的观点，只是不应该排除任何"基于现实考虑的想法"。这些松动的迹象表明，有限的国家义务模式实际上是未尽最大努力来履行国家应该履行的义务，是一个片面履行义务的模式。如果不对这个模式进行合理性的修正，在西方社会，要想在更高程度上解决器官短缺问题，也只能是一个难圆的美梦。

（二）前苏联器官移植国家义务模式的法理透析

前苏联在人体器官移植方面采取国家有限履行义务的模式，来对人体器官来源进行规范，以解决器官短缺问题。其立法的价值底蕴是公共利益和社会价值至上，以国家主义的中央集权的方式来计划社会生活的方方面面，私人财产权和个人价值在社会主义公共利益和公共财产不可侵犯的法律语境下被严重的贬低。国家从公共利益和社会价值立场出发，采纳国家和社会资源学说，认为：人的遗体是社会资源，个人是社会的一分子，应承担社会性的、公共性的义务。个人的遗体应由社会来进行处分、处理。[②] 国家强制征收死者尸体器官用于器官移植的行为不仅是合法的，而且符合社会主义的道德价值取向。这种强制征收死者尸体器官的行为虽然最大限度地保障了器官来源，取得了一定的社会效果。但是，我们也应该看到，这种模式的价值底蕴是国家至上和国家专制，不考虑、不尊重个人的权利和自由，它是在最大限度地挤压个人自

---

① 参见"新加坡卫生部表示考虑让人体器官买卖合法化"，载网易网：http://news.163.com/08/0714/13/4GQM8VF0000120GV.htm/，最后访问日期：2018 年 6 月 12 日。

② ［日］井田良："器官移植法与死的概念"，《法学研究》70 卷 12 号。

由空间的前提下，实行征收政策。虽然它满足了患者的生命健康延续的需要，但有可能伤害器官供体本人和家属的个人感情，而这种感情的伤害又不可能有任何途径得到救济和补偿，因而这种制度的设计存在着严重的缺陷：它在保障人体器官来源渠道实现方面尽了国家义务，而在人权尊重和保护方面却放弃了应尽的国家义务。一方面，国家强调社会公共利益至上，要求公民牺牲个人利益来满足公共利益的需要，放弃了对牺牲了个人利益的公民的尊重；另一方面，国家又放弃了对为社会公共利益做出牺牲那一部分人的利益损失的合理补偿，放弃了国家对他们应享有权利的保护，违背社会利益均衡原则，难以充分体现国家义务所要求的尊重、保护和实现的精神实质。因此前苏联瓦解后，后继的俄罗斯放弃了这种模式，并禁止强制摘取人体器官的行为。1997 年生效的《俄罗斯联邦刑法典》第 120 条明确规定了“强制摘取人的器官或组织做移植罪”。

（三）伊朗器官移植国家义务模式的法理透析

伊朗在人体器官移植方面采取国家充分履行义务的模式，来对人体器官来源进行规范，以解决人体器官短缺问题。其立法的价值底蕴是伊斯兰教教义中“凡救活一人的，如救活众人”的人伦精神。正如学者努尔曼所说：“伊斯兰不仅不禁止器官移植，而且鼓励运用器官移植的高科学技术挽救更多患者的生命。因为，伊斯兰教认为人类是地球上最高贵的生命，维持生命是人类首先考虑的问题。也可以说，是否有利于生命的延续，是伊斯兰评价某一行为是否道德的首要标准。……所以，器官移植作为治疗疾病，维持生命的有效手段，是符合伊斯兰伦理精神的。”[1] 正是因为有这样的宗教信念，在伊斯兰世界，社会鼓励和赞赏为了挽救他人的生命捐献自己器官的行为。认为这是一种正义之举，鼓励人们为了正义的事业牺牲自己的利益，即使付出代价也在所不惜。因为根据价值阶梯原则，“当二恶都不可避免时，选择恶小的”，对于救死扶伤、挽救他人生命所得到的价值要比保全捐献者身体或尸体的完整性有更重要的意义。由于相比较病人生死而言，器官移植对捐献者身体造成的伤害比不顾病人生死的恶要小，所以器官移植是被许可的。但坚决禁止人体器官的贸易，认为它不符合伊斯兰教法和伦理，但不反对接受器官移植者及其亲属出于感激，对捐献方主动赠送财物。[2] 正是基于这样的文化土壤，所以伊朗政府敢于在采取鼓励器官捐献的同时，又不违背伊斯兰教义原则采取由国家出资的办法对捐献者提供奖励和物质补偿，对出售者提供价金支付，尽可能地扩大器官供体的来源渠道，充分实现“人类的生命最高贵”的价值目的。这种做法虽然较大程度上扩大了器官来源、解决了器官短缺的来源问题，但是，该国所遵循的“当二恶都不可避免时，选择恶小的”、生命健康权要高于死者的尊严权，这样一种价值阶梯原则，却存在着争议。该国的制度设计是建立在其特有的伊斯兰宗教基础之上的，缺乏现代人权尊重和保护的法理精神，其价值观与当今人权保护的思潮不尽吻合，因而其制度安排和运行机制的设计难以被普遍接受，不具有普适的价值性。

---

① 努尔曼·马贤、伊卜拉欣·马效智：《伊斯兰伦理学》，宗教文化出版社 2005 年版。

② 努尔曼·马贤、伊卜拉欣·马效智：《伊斯兰伦理学》，宗教文化出版社 2005 年版。

三、中国器官移植国家义务模式的法理透析

（一）中国港澳台地区器官移植立法的政府义务模式的法理透析

中国港澳台地区在器官来源短缺问题上同样采取政府义务有限履行模式来对人体器官来源进行规范，以解决器官短缺问题。其立法的价值底蕴是遵循个人权利至上，兼顾社会利益的观点。地区政府充分考虑到了器官提供者自身行为的合法性与现代人权理念的吻合性，但在开拓器官来源渠道方面，地区政府的工作却有所缺失，因而也同样忽视了对保障患者生命健康权实现义务的履行。这种只考虑到以维护人权理论宗教般的纯洁性和哲学体系上的自洽性为宗旨的国家义务模式，导致了其在立法上和司法上以及在运作机制上都坚持首先满足无条件保护器官提供人的正当权利和主观动机绝对纯洁的前提下，而后才考虑器官接受者的生命健康权的需要。在这样的严格条件限制下，即使是器官提供人出于自愿有偿地提供自己的器官，在满足患者的生命健康的要求的同时又满足了自己的利益诉求，并且不影响自己的生存质量为前提，政府也不愿意提供有偿的补助来满足器官提供者的物质企求以进一步满足患者的生命健康延续的需要。这种一冷一热的价值观所导致的一个严重社会后果就是：政府为放弃自己应该履行实现义务找到了理论上的借口，冠冕堂皇地放任患者生命健康状况的恶化。因此，如果只考虑理论上的高尚性和自洽性，即使政府在空想的理念指导下，竭尽了全力，也无助于器官短缺问题的解决。

（二）中国大陆器官移植国家义务模式的法理透析

中国大陆在器官短缺问题上采取的模式是与中国的人权理论和人权事业的进步是一致的，经历了由国家义务不履行模式向国家义务有限履行模式的转型。

中国大陆最早一例活体肾脏移植手术是1972年由中山医学院实施，但直到1996年才制定第一部关于人体器官移植的部门规章《关于进一步加强人体血液、组织器官管理有关问题的通知》，2007年5月1日才正式颁布实施了第一部行政法规《人体器官移植条例》，至今为止中国大陆立法机关尚未制定具有法典性质的法律文献。从立法历程可见，中国大陆关于人体器官移植国家义务模式可明显划分为两个阶段：第一个阶段是1972年~1996年；第二阶段是1996年~2007年。

在第一阶段，中国政府采取的是国家义务不履行模式，其价值底蕴是国家的经济利益至上，人体器官移植属于私人事务领域，国家不应该为了患者的生命健康权而浪费公共钱财。在这种价值取向的引导下，国家政府根本不履行自己应尽的义务，对公民应享有的权利采取漠视的态度，不予以任何应有的关照。对公民的生命健康权既缺乏应有的尊重，又缺乏应有的保护措施，更缺乏帮助公民实现这些权利的愿望和手段，使公民应享有的生命健康权时时处于危险状态中，甚至在某种程度上容忍或纵容对公民的生命健康权的侵害。这种模式反映了那个时代的中国人权理念和人权事业的缺失。

在第二阶段，随着中国人权意识的觉醒和人权事业的进步，特别是2004年国家尊重和保障人权的理念入宪，中国人体器官移植的价值基础发生了深刻的变化，国家对人体器官移植的义务模式也相应起了变化，由原来的国家义务不履行模式转变为国家义务有限履行模式。这个模式的价值基础是人权保护和社会利益并重，国家不再把器官来源处于放任状态，国家在制度设计和运作机制的建构中，注重人体器官的合法来源，提倡捐献行为，禁止器官买卖。国家虽然考虑到了器官提供者自身行为的合法性，但在开拓器官来源渠道方面，只注重控制除器官捐献行为方式以外的其他来源方式，并不重视公民生命健康权的实现，因而器官短缺问题始终难以得到有效的解决。

四、中国国家义务模式的完善

选择怎样的国家义务模式，对中国来说，应根据中国的现实国情，分两步走：

（一）完善现有的国家义务有限履行模式

1. 理念上的更新

在人体器官移植方面，国家义务有限履行模式其实并不完美。欧美等国实行以后，对于解决器官短缺问题依然未达到理想的效果，但欧美国家在捐献服务机制方面还是尽了自己应尽的义务。但对于中国来讲，由于刚刚实施相关的法律，整个法律保障体系尚未建立，国家义务的履行尚处于空白状态，同时，由于人们已经习惯了原来的无序状态，思想观念一时还难以适应新的法律制度。因此，在现阶段，国家义务的履行首先要转变人们的观念，由原来的无国家义务意识到树立国家义务意识；由原来的无序放任意识到树立法制规范管理意识；由原来的无保护公民个人生命健康公共利益意识到树立保护公民生命健康公共利益意识，这样才能在观念上结束原来的国家义务不履行状态，为国家义务的有限履行奠定社会心理基础。

2. 重心上转移

由于中国处于国家义务不履行状态，器官移植供体问题的解决，主要是各显神通，没有国家管理服务的介入。这样的状态使中国成为世界上器官移植混乱的国家之一，违法犯罪获取器官或非法摘取死刑犯的尸体器官几乎成了最正当的手段而为政府所默认或纵容，甚至连国家卫生部副部长也不得不向国际社会承认中国的器官移植供体绝大多数来源于死刑犯的尸体器官，这些现象反映了国家人权事业的落后。因此，在当代中国，当务之急就是实现器官移植由原来的服务缺失到提供到位的服务的重心转移，尊重和保护公民的生命健康权利。

3. 机制上的重构

为了尊重和保护公民生命健康权利，国家/政府必须在新的观念的指引下，结束原来的不作为放任机制，改变宪法权利与实现权利脱节的状态，以尊重生命健康为最高价值，并围绕法律规范的要求建构器官移植的整套运行机制，保证国家的有限义务得到履行，使公民生命健康权利得到切实的尊重和保护。

通过三方面的改良，使中国的国家义务有限履行模式达到或接近发达国家的水平。

（二）逐步实现向国家义务充分履行模式的转型

如前所述，国家义务有限履行模式是存在严重缺陷的，因此作为一个现代文明国家，国家义务应得到充分履行，国家义务充分履行模式具有不同于有限履行模式的优越性。

1. 在价值取向上更强调公民生命健康权的公共属性

强调国家保障性服务的全面性和彻底性，并把它视为政府应该提供的公共福利。有限履行模式在价值取向上，更强调保护功能，强调保护公民的生命健康权不受侵害，而在保障公民的生命健康权的实现方面则较少有作为。因此在涉及刑事犯罪等公法领域，它能起到打击犯罪、惩罚犯罪行为人的作用，但在保障公民的社会权利的实现上，则受公民生命健康权非公共领域观念的影响，在法律制度的设计上，放弃了国家在这方面的义务，使公民生命健康权的实现受到了影响。而国家义务充分履行模式则不仅强调对公民生命健康权的尊重和保护，而且也把公民个人的生命健康由原来的纯个人权利上升为社会权利，看作是社会公共利益，并运用国家力量来保障这些权利的实现。因此，对于公民权利的尊重、保护和实现来说，国家义务充分履行模式是一种更好的制度选择。

2. 在实现途径上更强调现实可行性

有限履行模式对公民的生命健康权的尊重和保护主要是停留在法律文件的页面上，一般没有提供实际上的财物支持，因此解决不了生命健康问题所面临的经济上的困境。而充分履行模式不仅解决价值取向、立法等观念性问题，而且解决关键性的财政支持问题。在关乎公民的生命健康的问题上，特别是器官移植这样的重大问题上，国家完全承担了相关的费用，以保障公民生命健康的安全。不管是任何人，国家都平等地支付所需的费用，这样就最大程度上避免了因贫穷无法支付器官移植所产生的昂贵费用，满足了公民对生命健康安全的要求。正因为充分履行模式具有如此的优越性，所以中国应该实现这方面的转型，以承担更大的社会责任。

未来中国的国家义务充分履行模式应该具有如下特点：一是在价值底蕴上应该融合中国传统宗教的善、儒家的仁、现代的爱的精神，形成三位一体的独特道德体系，使国民生活在一个更和谐的大家庭中，享受国家提供的充分关怀；二是在提供公共产品方面形成充分体现对民生关怀的务实服务体系，使公民的生命健康权得到实实在在的保障，不再为维护生命健康所产生的费用而困扰，使有限的生命得到无限的关爱。

论国家义务视野下患者器官移植权的实现[①]

人体器官移植作为一种医学技术手段具有重要的生命健康价值。人们患有难以治愈的疾病，需要用医学的手段进行人体器官移植，已经超越了社会个体的自我控制能力，只能通过社会努力与国家尽其义务才能加以避免和控制。国家义务指的是在一个国家内，国家对其公民应尽的义务，满足其公民权利需要的义务。通过对美国、西班牙、伊朗、欧盟、日本和前苏联等国家间的义务模式进行比较分析，得出在国家义务视野下保障患者器官移植权的实现，应在履行最基本性、比例合理性、特例特办性、物质制约性及伦理性基本范围；在坚持人权均衡保护原则、国家义务合理履行原则及国家义务主导地位原则的理论基础上，确定国家义务在器官移植法律关系中的具体角色定位，在依法获得国家的帮助下，真正保障患者器官移植需要的完成，实现人们的生命健康权。

国家义务是近年来法学界比较热门的话题，但是，在医事法学方面却甚少涉及，尤其是在人体器官移植手术法律问题方面几无涉及。就器官短缺和患者器官移植权实现方面而言，仅凭个人的努力和社会良心是不够的，国家义务的履行才是问题解决的关键。因此，本书试图从国家义务与患者器官移植权实现的关系方面作一次粗浅的探索，以期抛砖引玉。

---

① 龚波撰写，刊于《辽宁大学学报》（哲学社会科学版）2018 年 3 月第 46 卷第 2 期。

一、国家义务概念及特征

（一）国家义务的概念

传统理论认为国家义务是国际法的概念，即国家义务就是指国家不侵犯其他国家主权的义务。[①]

在本书中提出的国家义务概念是指在一个国家内，国家对其公民的义务；国家有满足其公民权利需要的义务；是一个与国家权力相对应的概念。从这个概念可以引申出两个基本内涵：第一，决定国家义务的内容是公民权利的需要，换一句话说，公民权利的需要是国家义务的依据；第二，满足公民权利的需要是国家及其国家权力存在的真正价值。从国家与具体个人之间的关系而言：国家义务是一个与公民权利相对应的概念，可以界定为国家对其公民所负有的一种职责。

（二）国家义务的特征

国家义务的特征包括四个方面：第一是道德性。国家在其管辖范围内提供的公共服务应该符合道德目的，符合社会广泛认同的价值取向，其中最重要的善良的需要。第二是功利性。首先国家通过为其公民应享有的权利提供应有的保障方式，以达到提高公民生命健康质量的功利目的；其次通过为它的公民提供应享有的公共产品来换取公民对国家和法律的忠诚，以达到维护统治秩序和社会秩序的功利目的。第三是平等

① 周鲠生：《国际法》（上册），商务印书馆1976年版，第233页。

性。国家所提供的公共服务应当平等地惠及它的每一个成员，没有身份、财富、民族、信仰方面的区别。第四是均衡性。国家应当最大限度地提供公共服务来满足社会不同利益群体的共同诉求和不同诉求，并善于协调各方面利益的冲突和矛盾，达到整个社会秩序动态性的和谐与统一。

具体到人体器官方面，符合国家义务的道德性是指国家为公民提供器官来源应该符合救死扶伤的医学伦理，遵守不害人的最低道德底线，不利用国家公权力去获取不正当的利益，不违反对公民生命健康权予以尊重的伦理要求；符合国家义务的功利性是指国家积极地开拓人体器官供体的来源渠道，扩大人体器官供体的供应量，以此达到既满足救死扶伤的伦理要求，又抑制非法交易、打击犯罪活动的双重功利目的；符合国家义务的平等性是指国家应当平等地对其需要器官移植的成员提供免费的治疗和无偿的器官供体，使它的成员在法律上享有的权利转变为实实在在的社会福利；符合国家义务的均衡性是指国家不仅应当最大限度地提供器官供体来源的保障，帮助患者实现器官移植权，以满足患者的生命、健康要求，而且应当同时合理地满足器官提供人的精神和物质的正当需求，达到两者的均衡状态。

二、国家义务视野下患者器官移植权的创设及其基本内容

应该说患者的器官移植权及其实现并不是一项天赋人权，而是在当代国家义务理论引导下所创设的一项法律权利，其基本理由和基本内容如下：

（一）患者器官移植权创设理由

1. 器官移植的生命健康价值

作为医学技术手段的人体器官移植，其本身具有一定的生命健康价值：首先，人体器官移植为实现生命权、健康权提供了技术上的支持。生命权、健康权虽然从法律上讲属于最基本的人身权，但从自然科学的角度来说，生命和健康是一种自然生理现象，没有这种现象的存在，就不可能有所谓的生命权和健康权。同理，生命权和健康权虽然要靠法律来保障，但是，生命和健康更要靠医学技术来保障。脱离了医学的支持，任何生命、健康及其由此而派生的生命权、健康权就会成为无源之水，不可能有牢固的基础而坚实地存在。特别是当人们患了难以治愈的疾病或者需要医学的帮助才能挽救自己的生命之时，如需要用医学的手段进行人体器官移植，医学就成了保障人们生命权和健康权的唯一手段和途径。医学技术决定了患者的生与死、健康与患病，具有了决定意义的生命健康价值。从这个意义上来说，器官移植行为就具有这样的价值，它的实施，挽救了许多人的生命和健康，从而就保障患者的生命权和健康权，它不仅使患者获得重生，而且大大提高了生活的质量。人体器官移植手术的巨大的生命健康价值是它直截了当、有效地满足了患者争取生存权、健康权的功利性需要。其次，人体器官移植为降低患者痛苦、提高生命质量提供了医学伦理要求的满足。医学伦理要求进行医疗活动的目的就是救死扶伤，减轻患者的痛苦，提高生命的质量，使人有尊严地活着。作为一种医疗技术手段的人体器官移植手术，是通过移植供体器官到患者体内，从而延长患者生命的期限，挽救患者的生命，使患者能够健康体面地生活，本身就满足了医学伦理要求而具有不可替代的生命健康价值。

由此可见，患者生命健康权的实现，首先取决于器官移植权的实现，而移植权的实现，则又取决于人体器官移植手术的安全、可靠的施行，而这点仅仅靠医院和患者本身是难以解决的，就需要国家履行自己的义务来赋予患者器官移植权并保障患者的这种权利安全可靠的实现。

2. 器官短缺现象严重

我们应该看到，器官移植仅仅是医疗技术的进步，它解决的是器官移植的手段和方法而不是人造器官技术的本身，人们尚不能靠生物技术制造出患者所需的各种器官。也就是说，人体器官接受者只能靠医师通过医学的手段从他人身上摘取所需的器官移植到自己身上。但由于供体的有限性和需求的速增性以及人类个体的排异性，匹配器官十分难寻；再加上文化伦理和法律的限制，合法器官来源渠道只能集中于自愿捐献途径加上捐献的人数过低等因素的影响，可供移植的人体器官更为短缺。据有关报道统计，我国等待各类器官移植的患者有 150 万人，而实际上只有约 1 万人能找到合适的器官，获得器官移植。[①] 供需矛盾十分严重，而且随着等待移植人体器官的患者数量的逐年增加，供需悬殊的状况还会进一步恶化，这就不可避免地造成越来越多的病人在等待中痛苦生存或死亡。[②]

而这种器官短缺严重状况，还引发了一系列的社会问题：如器官买卖、器官旅游、器官犯罪等。这些问题冲击了我们的社会秩序，扰乱了器官移植的正常发展，影响了人们的生活质量和生命健康安全。同时还

---

① 龚波："论我国人体器官获取行为的法律规制"，载《探求》2016 年第 1 期。

② Ghods AJ, "Govemed financial incentives as an alternative to altruistic organ donation", *Exp Clin Transplant*, 2004, 2 (2): pp. 221 ~228.

引发了一系列的法律问题，如人权问题、侵权问题、补偿问题、赔偿问题、权利的冲突与平衡问题等，这些问题同样会影响到我们的社会秩序、法律安定和道德伦理。面对这些问题，我们该怎么办？我们需要怎样的法律模式、伦理模式和法理模式来规制器官来源和器官移植行为？我们如何用生活智慧和法律智慧来合理地解决器官短缺问题，建立公正有效的器官移植秩序？这些问题的解决也需要国家和政府切实担负起自己的责任，履行国家义务，在赋予患者享有器官移植权的基础上，使患者合理合法地实现自己的器官移植权。

3. 器官移植手术费用昂贵

我国《人体器官移植条例》第 21 条明确规定，除了“①摘取和植入人体器官的手术费；②保存和运送人体器官的费用；③摘取、植入人体器官所发生的药费、检验费、医用耗材费。”之外，从事人体器官移植的医疗机构实施人体器官移植手术，不得收取或者变相收取所移植人体器官的费用。单纯从法律的规定看不出费用的负担，全国政协常委、中国人体器官捐献与移植委员会主任黄洁夫于 2015 年 3 月 16 日在凤凰卫视节目《公益中国》做客时道出了其真相：做肝移植这一个手术加上术后的维持最少要 60 万以上，而这对一些普通老百姓来说是天文数字。而且，因为人体器官移植在中国并未纳入“医保”范畴，器官移植手术所有费用完全靠患者自付。因此，不少需要器官移植的患者因其经济原因，“徘徊”在器官分配等待名单之外。然而，相比其他国家而言，中国的人体器官移植收费还不算最高。在美国，做一个肝脏移植手术，其手术费用高达 60 万美元。因此，器官移植手术费用昂贵是患者望而却步的原因之一。

正因为器官移植手术费用的昂贵，即使分配到免费捐献的器官，但由于高昂的手术费用也导致一般的患者家庭难以承受，因此也需要国家履行义务在赋予患者器官移植权基础上，提供免费救助，帮助患者器官移植权得以完全实现。

（二）国家义务视野下患者器官移植权的基本内容

1. 器官的合法获取权

在国家义务的视野下，国家应当保障患者获取器官供体，以实现患者的移植权：患者可根据自己的具体情况，合法地通过法律规制下的捐献分配或有限交易途径来获取所需要移植的器官供体，以满足自己的生命健康的需要。

2. 移植手术安全权

国家在履行帮助患者合法地获取器官供体的义务的同时，还应履行保障提供健康的器官供体、有资质的医疗机构和医生的义务。没有健康的器官供体，器官移植的医疗目的就难以达到，甚至会极大地危害到患者的生命健康安全；同样没有强大的安全技术保障，即使患者能够获得器官供体，但也难以保障器官供体安全地移入自己的体内并发挥应有的功能，实现自己的器官移植权。

3. 器官移植手术费用补助权

上述数据可见，器官移植手术是一项费用昂贵的工程，一般的患者即使能获得器官供体，也难以承受高昂的手术费用，这样就使患者陷入两难境地：不进行手术无异于等死，进行手术就必然导致家庭极大的经济负担，甚至导致家庭负债累累，生活陷入极度贫困之中，正常的生活质量难以保障。因此，要挽救患者的生命健康，对于经济状况一般的患者来说，必须得到国家的必要帮助和救济，才能进行移植手术，实现自己的移植权利。

4. 后续治疗免费权

同理，器官移植后的后续治疗费用也是非常昂贵的，一般器官移植受体即使移植成功，也难以支付昂贵的后续治疗费用，而没有后续治疗，成功移植的器官也难以在患者身上发挥正常的功能，患者的生命健康状况也难以根本改善，等于前期的移植手术前功尽弃，极大地浪费了器官资源和医疗资源，而要改变这种状况，国家就必须提供资助，让患者享受后续治疗免费权，完整地实现器官移植所带来的生命健康权。①

三、患者器官移植权实现的国家义务模式选择

从目前发达国家的状况来看，各国基本上都建立了一套较完整的法律体系，尤其是美国、西班牙、伊朗、欧盟、日本和前苏联等国除了建立了较完备的法律体系外，还建立了较完整的制度保障体系。保障了患者器官移植权在法律的框架内有效、有序地实现，形成了所谓的美国模式、西班牙模式、伊朗、欧盟模式、日本模式和前苏联模式。

（一）美国模式

美国模式强调法律的配套性和系统性，重视国家与社会力量相结合，共同开拓自愿捐献来源，解决器官短缺问题。

---

① Jeffrey P. Kahn, Francis L. Delmonico, "The Consequences of Public Policy to Buy and Sell Organs for Transplantation", *American Journal of Transplantation*, 2004, 2 (4) pp. 178 ~180.

1. 相关法律规定

美国关于人体器官移植的相关法律规定主要有1984年的《国家器官移植法》、1968年的《统一解剖捐献法案》以及美国部分州制定的《验尸官法》和《驾驶执照法》。其中，《统一解剖捐献法案》第一次明确规定，死者生前没有明确表示死后捐献其器官的，在其死后，其近亲属可以同意捐献死者身上的人体器官和组织用以移植，主要方式为亲属签名或者证人作证（通常是医院官员作证）。该法案还规定，同意捐献器官的捐献者可以随时采取口头或书面的形式改变初衷、撤回捐献誓约，这一法案充分体现了捐献者自愿和知情同意原则；[①]《验尸官法》主要是为了死者死亡后，能适时摘取其身上器官，主要是解决器官捐献者死亡的判断问题；《驾驶执照法》规定，驾驶员在领取驾驶执照时，在驾驶执照上根据自愿捐献原则可选择死后是否愿意捐献器官，以及是捐献全部还是部分器官，并在执照上要详细写明驾驶员的姓名、性别、血型、年龄及捐献意愿，最后签名。但当该执照被上缴、中止或吊销之后，驾驶员的器官捐献誓约即告失效。驾驶员一旦遇到交通意外而死亡，医院即可根据该法摘取死者身上的器官进行移植。

2. 相关制度体系[②]

美国自1984年通过《国家器官移植法》至目前为止，已经逐步建立了比较完善的人体器官移植系统和法律保障体系。根据该法律，美国建立了“国家器官获取和移植网络”和“器官移植受者科学登记系

① 刘艳：“死者器官捐献法律问题研究”，华中师范大学2012年硕士学位论文。

② 范非非：“我国人体器官捐献供体稀缺非技术原因分析与对策研究”，成都中医药大学2013年硕士学位论文。

统”。“国家器官获取和移植网络”是世界上运作最成熟的器官捐献和移植管理网络。该组织成功的关键在于透明、公正以及完善的制度。通过该网络，患者可以不受地域限制，查询到全美的器官捐献与移植信息，因而不会影响到器官信息获取；在器官分配过程中，进行公开排序，进行排序的标准是根据器官接受者病情轻重缓急、血型、等待时间以及年龄等因素，同时兼顾到优先移植权（即已捐献过器官的捐献者及其近亲属享有的优先权），选取排序表中的第一人选。而“器官移植受者科学登记系统”是器官捐献者（供者）和器官接受者（患者）都要通过的捐献或者获得器官的必经途径。对目前的器官获取情况、器官移植状况以及器官分配政策等进行科学评估，以便能随时删掉不合适的器官移植接受者。在《美国国家器官移植法》和《美国统一解剖捐献法》实施之后，由卫生部门专门成立了美国器官共享联合网络（UNOS），该机构的主要工作是记录全美国所有器官移植手术的情况，并在互联网上公开所有的器官移植数据。在美国 UNOS 制度制约着器官移植整个过程。美国的器官资源共享网络在器官移植上最大的特点是公平分配和高效利用器官，因而能挽救无数患者。

3. 其他社会力量

在美国纽约，还专门成立了一支救护车队用来专门回收遗体。这一支车队在患者死亡后才开始执行任务，他们第一时间回收死者遗体，为遗体注射特别的液体来保存器官。此外，美国的一些大的社会组织还开展全国性的捐赠活动，建立全国性电子名录来记录器官捐献者的意愿。卫生部门一方面呼吁工会、企业以及其他雇员组织多鼓励企业员工捐献自己的器官，另一方面发放捐献卡给全国民众，人们在捐献卡上登记死后是否愿意捐献器官以及捐献什么器官或组织，同时将捐献者的意愿告诉其家人或者亲戚。

（二）西班牙模式

西班牙模式强调国家主导下的社会力量的中坚作用并组建了相应的职业化的社会组织。

1979 年西班牙通过了《器官移植法》之后，该国卫生部内部于 1989 年末成立了国家移植协会（ONT），ONT 是负责报道有关器官捐献及移植事宜的唯一官方组织。同时，西班牙创立了由职业劝捐员进行劝捐协调的制度，来解决人体器官来源严重短缺问题，以扩大捐献器官来源。这种办法主要是选出一名器官劝捐员（该成员由各家医院及各医疗小组选出）在医院与死者家属接触交谈关于死者器官捐献的话题，如果死者家属表现出不愿意的态度，劝捐员一般不会再继续劝说，以免死者家属过分伤心难过。同时，在不影响原医院单位工作的情况下，该劝捐员还可以到其他的医院、医疗机构进行劝捐。在西班牙，在这样一大批劝捐员的努力工作下，该国器官捐献工作取得了不俗成绩。劝捐这种工作方式已在西班牙 124 所医院、医疗机构开展，[①] 而且，据 2008 年国际器官捐赠和移植情况统计显示，该国平均每 100 万个居民中有 38.1 个捐献者。[②]

（三）日本模式

为了保证器官捐献者捐献自己的器官是完全建立在自愿与知情同意

① “西班牙器官捐赠组织结构及工作进展”，载《中国医药报》2003 年 11 月 4 日。

② ManyalichM, Costa AN, Paze G, “2008 International donation and transplantation activity. IRODaT preliminary data. Organs”, *Tissues & Cells*, 2009, 3（02）p. 528.

的基础上，保证器官在分配过程中对于器官接受者的选定是公平、公正的以及器官在摘取过程中合法、适时、顺畅地进行，日本在人体器官捐献与移植过程中的管理非常强调法律以及器官操作流程的规范性。

以美国的器官共享联合网络（UNOS）为模型的日本脏器移植网站在日本《脏器移植法》（1997 年 10 月 16 日）施行的同时也设立了，该组织是受到国家资助的公益机关。该组织主要工作是成立移植关系学会合同委员会；依登记的卡片资料联系器官捐献者家属、派人与捐献者家属面谈以及组织报道器官移植工作内容；从全国器官移植指定医院派遣出器官摘除小分队坐飞机送到器官提供病院，等等。[①] 为保证器官在分配过程中对于器官接受者的选定是公平、公正的，日本制定了对脏器移植网络中已注册登记的病人患者进行打分排名的规章制度，并根据不同器官制定了不同的选择标准。

（四）欧盟模式

欧盟模式强调各国以国家为主导，建立规范化的捐献制度。

2008 年 12 月，欧盟委员会通过了 2009 年～2015 年器官移植行动计划以及一系列关于器官捐献的政策与措施。其主要目的是，要求欧盟各成员国采取积极行动措施，实现器官捐献和移植的规范化管理，增加捐献器官来源数量，提高器官移植利用效率，等等。2010 年 5 月 19 日欧洲议会表决通过了欧盟委员会提出的欧盟有关捐献和移植人体器官的质量和安全标准的法案。[②] 欧盟各成员国根据欧盟委员会的计划方针，

---

① “日本首例脑死判定及脏器移植”，载《医学与哲学》1999 年第 8 期。

② 马章民：“人体器官移植的刑法规制”，载《山东警察学院学报》2013 年第 6 期。

制定具体计划，采取了一系列具体措施，设立专门机构，收集捐献器官信息，保证人体器官消息的正确提供和器官移植；对器官安全标准执行状况和器官捐献质量进行监督，这里面还包括建立一旦发生器官移植事故和器官移植后发生严重不良反应及时报告的制度以及整个捐献器官过程的跟踪制度等。

（五）伊朗模式

伊朗模式强调器官供给来源的实效性，重视国家义务的作用。

在伊朗，政府建立了透析与移植患者协会（DATPA）。该协会的工作程序是：通过对肾移植接受者进行评价后，移植医生通常会建议由患者亲属提供活体肾脏给病人进行移植。如果没有患者亲属愿意捐献肾脏，该患者就会被转到 DATPA，透析与移植患者协会（DATPA）会负责为患者找到一个没有亲属关系的、适宜的活体器官提供者，无亲属关系活体器官提供者也可以主动找到透析与移植患者协会（DATPA）自愿捐献其身上的活体器官。而 DATPA 提供的服务并无奖励回报。此外，如果接受捐赠器官的接受者由于家庭贫困，无法支付奖励和酬劳给器官提供者的话，政府或慈善组织就会出面支付这笔费用。除此之外，政府不仅提供新山地明环孢素和麦考酚酸酯等必要的免疫抑制药物给器官提供者，而且，政府还提供政府补贴和廉价药品给所有器官移植接受者。

这样一种由国家政府主导下的器官买卖合法化，有偿、有序地取得肾脏器官供给制，给该国器官移植工作带来了非常理想的成果。据 2002 年统计数据表明，伊朗在实施的 14 288 例肾脏移植手术中，来源于有偿的非亲属活体供体的就有11 292例，所占比例高达79.03%。[1]

（六）前苏联模式

前苏联模式强调器官供体来源的有效性和非利益性，并且强调国家专断制度的作用，因此，在前苏联，人体器官移植的各方面一直实行由国家控制的无偿、免费制度。政府出资建立了一系列的保障机制，保证了法律规定在实践中的落实，使患者在不承担任何负担的情况下，得到了所需要的器官和相关的治疗，重新获得生命和健康，体现了社会主义公益性的理想。

从上述国家的立法和执法行为来看，不同国家都在为改善器官短缺的状况进行了努力。然而还存在着缺陷和不足：一是实行有限的国家责任和国家义务制度。这些国家基本上都是经济状况好的发达国家，国家完全有能力通过一定的方式来扩大器官来源，解决器官短缺问题。但是，这些国家并没有完全承担起应尽的国家责任，履行应尽的国家义务，而是把主要的精力和较低的财力放在引导和鼓励人们捐献器官方面；二是放弃对器官交易市场的控制。众所周知，市场交易行为是人体器官的主要来源方式之一，不管各国政府如何打压，这个市场始终存在，并日益兴旺，只不过这些市场是以黑市的方式存在而已。正因为是黑市，所以国家权力网络并没有涉及其中。因此，大量的器官通过黑市交易移植到患者的体内，大量的利润以非法的名义转到了交易商人的口袋中，大量的犯罪行为也发生在交易及其相关环节上。也就是说，尽管国家在这个领域不作为，但大量的人体器官还是通过这个渠道或方式补

① 徐铁英："论人体器官之有偿取得"，载《河北法学》2010年第6期。

充到器官来源的源流当中去了。正如美国器官劝捐工作人员无奈地哀叹："排队等候接受捐献的人太多太多了！我们的目标就是挽救更多的生命"但却难以如愿以偿。由此可见，西方国家这种把捐献行为作为器官移植的供体的唯一来源，并竭力在国家权力的主导下，把人体器官捐献由个人行为演变成一场规模巨大的社会行为并不是成功之举，难以解决患者的器官移植权的完全实现。

而伊朗却采取了捐献来源和交易来源双轨制。这种制度是由国家控制器官交易并由国家出资取得器官以无偿提供给患者。在这一方面，伊朗政府切实地担负起其应尽的国家责任，履行自己提供公共产品的国家义务，在解决器官短缺、扩大器官来源的问题上取得了不俗的效果。但是这一制度也存在较大的缺陷：过分强调国家义务和国家责任，加重了纳税人的负担。

前苏联则采取国家强制性征收的手段来解决器官供体短缺问题，它保障了器官来源的充足性和畅通性，保证了器官移植手术的公益性，在解决器官短缺的问题上取得的社会效果还不错，但这种做法与当今的人权理论完全背离，实行的也是有限的国家责任和国家义务制度。

四、国家义务视野下患者器官移植权的实现途径

（一）国家义务视野下患者器官移植权实现的基本范围

国家义务履行的范围即国家义务的界限，它制约着国家义务履行的限度和程度，不允许超出此范围。国家义务的范围主要如下：

1. 最基本性

众所周知，人们获取资源主要靠两种方式：一种是通过市场交易获取；一种是通过国家提供获取。受当代经济发展水平所限，国家没有能力也不应该采取家长制包办一切的手段为公民提供全部的社会资源，而是一方面鼓励公民通过诚实劳动，获得报酬，尽可能多地通过市场交易换取自己所需要的社会资源。另一方面，为了实现社会的公平正义，保障弱势群体不因为贫困而陷入生存不能，国家又采取契约的形式，根据经济社会发展的程度，通过税收等方法从自己的主人——纳税人那里取得资金，为纳税人或者不用纳税的弱势人群提供最基本的社会保障服务，以保障弱势群体最基本的生存和健康需要。也就是说，国家义务的履行只保障最基本的必需品的满足，超出基本需要的奢华消费，只能通过市场交易获取，国家不予提供。

2. 比例合理性

国家履行自己的义务，为公众提供最基本的公共服务和资助应该是比例合理的。即国家不是一刀切地对所有需要公共产品的公民提供均等的服务和资助，而是根据每个或者每类公民的不同的健康状况、生存能力、经济基础等综合因素，确定不同的合理比例：综合状况最差的公民应获取最大比例的资助，综合状况一般的公民获得较低比例的资助，综合状况较好的公民获得最低比例的资助或者不能获得资助。只有这样才能保证国家提供的公共服务效益的最大化，不浪费社会公共资源和纳税人的资金。

3. 特例特办性

为了保证公平正义的最大化，保障最贫困阶层的公民的生存权和健康权的实现，国家义务的履行还应遵循特例特办原则。对那些没有任何经济储备、没有任何经济来源，也没有任何能力和手段的极度贫困的公民，或者对那些因不可抗力的意外灾害而陷入全面困境不能自拔的公民，提供全面的基本生存和健康保障的资助，以帮助这些公民有尊严地生存下去。体现国家尊重人的价值的人道主义关怀。

4. 物质制约性

如前所述，国家履行自己的义务要受物质条件的制约，没有物质条件作基础，国家为社会提供公共服务和公共产品只能是一句空话，没有任何实质意义。因此，国家义务履行范围只能限定在本国经济社会所能承受的程度内，超出了本国经济社会的承受程度，国家义务的履行就难以实现。即使勉强实现，也不会支撑长久，因为这样做会造成国家财政负担过重，国家拿不出多余的资金来扩大再生产，导致经济发展停滞不前，最终导致国家义务的履行难以为继。

5. 伦理性

国家义务履行范围要符合一般大众认同的伦理道德观念，超出了一般大众认同的伦理价值观的制约，国家义务的履行就会因为缺乏社会心理基础的支持而无法产生良好的社会效果，甚至会因为社会大众的对抗情绪而产生相反的负面社会后果，造成对社会秩序稳定性的伤害。因此国家义务的履行必须要以一般大众认同的伦理道德为基础来设计公共服务的条件、范围、对象、手段等方面的制度和运作机制，以体现对普遍伦理的尊重，使国家义务的履行因符合伦理要求而产生良好的社会效益。

(二) 国家义务视野下患者器官移植权实现的理论原则

1. 人权均衡保护原则

人体器官移植立法不仅要保障患者的生命健康权的实现，而且要保护器官提供者的人格权、生命健康权。不能因为要实现保护患者的生命健康权利而伤害器官提供者的生命健康权，两者的生命健康权具有同等的价值，必须予以同等的保护和尊重。法律应当严厉禁止骗取他人器官、强行摘取他人器官等违背被害人意志的行为，以实现人权的均衡保护原则要求。[①]

2. 国家义务合理履行原则

如前所述，国家义务的履行必然要受到该国的经济发展水平的制约。没有物质条件的保障，国家义务的履行只能是一句空话，因此，国家义务的履行必须要量力而行。国家的财政资金的分配必须要统筹兼顾，不能把所有的物质财力都集中使用于医疗保障方面，否则会给整个社会的发展带来一些不利后果，甚至会最终影响到公民社会权利的实现。因此，国家义务的履行必须坚持合理履行原则。其基本内容为：其一，国家在为公民生命健康权利提供公共服务，建构尊重、保护和实现的义务体系时，不能超出国家的经济发展水平所能承受的限度，不能影响到国家的经济、社会、文化的正常、健康发展，否则国家义务的履行只能是无源之水、无本之木。其二，国家在履行义务时，必须建构合理的运作机制，以保证义务履行目标的实现。具体来讲，国家应设定相应

---

① A. Farrugia, J. Penrod, M. Bult. Payment, "Compensation and Replacement——The Ethics And Motivation of Blood And Plasma Donation", *Vox Sanguinis*, 2010, 3 (99) pp. 202~211.

的运作制度，保证有相应的责任机构来整合相应的项目选择、财政预算、资金投放、程序监督、责任追究的功能，合理地履行尊重、保护和实现的义务。就器官移植方面来说，国家义务合理履行原则的具体内容，就是要在现有的经济发展基础上，平等尊重所有公民的生命健康权，平等保护所有公民的生命健康利益，平等保障所有公民的生命健康利益的实现。而在实现方面要特别注重社会资源分配的实质公平，要根据公民的不同经济状况，实行等差有别的资助制度：对经济困难的患者要提供最大限度的经济资助，对经济富裕的患者则只提供经济资助以外的其他支持，而不是在经济资助上“一碗水端平”，以最大限度体现社会资源分配的实质合理性和公平性。

3. 国家义务主导地位原则

国内外的理论和实践使我们看到，人体器官供体短缺问题的解决，单靠人们无组织的捐献行为难以达到目的，靠地下组织的交易行为和犯罪行为来解决问题，无异于饮鸩止渴，将造成不可挽回的社会后果。因此，解决器官短缺问题的唯一有效途径就是国家权力的介入。只有国家和政府才有能力组织严密的法律体系和庞大的运作机构，保障器官移植合法有序地进行，保护患者和器官提供者的生命健康和财产的安全。因此在解决器官短缺问题方面必须坚持国家主导地位、国家履行义务并承担相应的责任的原则，在此原则的制约下，建构国家控制体系和运作机制，以垄断和监督器官捐献行为、有偿交易行为，打击犯罪，保障器官供体来源的有效性和合法性，保障国家对人权的尊重、保护和实现的职能。

（三）国家义务视野下患者器官移植权实现的具体制度设计

国家作为一个整体成为法律关系的主体与一般公民和法人之间发生的法律关系主要是纵向法律关系。这是一种不平等的法律主体之间所建立的权力服从关系。其特点在于：第一，法律主体处于不平等的地位。在法律地位上是命令与服从、管理与被管理、监督与被监督的关系，例如行政管理关系中的上级机关与下级机关、行政机关与相对人的关系；第二，法律主体之间的权利与义务既不能任意放弃，也不能随意转让，具有强制性。[①]

具体到人体器官移植管理方面而言，国家作为法律关系主体，与其他法律关系主体发生法律关系时，其角色定位如下：

（1）在器官捐献行为中，国家与器官捐献人、器官接受人和器官移植医疗部门（包括手术医师）之间的法律关系，主要是行政管理与被管理关系，在这种法律关系中，国家主要充当管理者的角色，有权力并有义务对器官移植的全过程进行监督和控制，用强制的手段保证器官捐献行为符合法律规定，并对违反法律规定的行为进行处罚。

（2）在国家控制下的器官交易行为中，国家与交易双方当事人的法律关系主要是提供服务和管理与被管理之间的关系，在这种法律关系中，国家所充当的角色有二：一是有义务充当中介人的角色，不介入器官交易的私法领域，为器官交易提供合法的交易平台，保障交易的顺利进行；二是充当管理人的角色，有权力并有义务对器官交易条件、器官

① 张文显：《法理学》，高等教育出版社、北京大学出版社2007年版，第160~162页。

交易程序、器官交易场所、器官交易管理部门、器官交易的完成、器官非法交易的后果等方面进行全面的监督管理，以保障器官交易行为的合法性。

（3）在器官犯罪行为的预防控制中，国家与被害人、犯罪行为人之间的法律关系主要是保护与惩罚关系，在这种法律关系中，国家一方面有义务为公民提供公共安全服务，要充当保护人的角色，保护公民的生命健康权不受侵害，依法打击各种形式的器官犯罪行为。另一方面要充当惩罚者角色，有权力并有义务依法对器官犯罪行为人进行刑事处罚，预防和控制犯罪行为的发生。

（4）在对弱势群体给予补偿时，国家与弱势群体中的患者之间的法律关系，主要是服务与被服务的关系，在这种法律关系中，国家有义务依法对需要补偿的患者提供资助，而患者也有权依法获得国家的帮助，满足自己的生命健康权要求。

总而言之，只有在国家充分、合理、合法地履行了自己应尽的义务的基础上，患者的器官移植权才能安全、可靠、经济、充分地得以实现，患者的生命健康权才能得到坚实的保障。

第二篇
CHAPTER TWO

器官移植行为社会心理基础分析

人体器官捐赠行为的社会心理基础与法律规制[①]

人体器官捐赠包括活体、尸体以及特殊群体死刑犯的器官捐赠。人体器官移植中捐献人体器官遵循自愿、无偿捐献原则，此行为是高尚的、完全利他的行为，它达到了社会心理与科学伦理、医学伦理三者之间的一致性。但是，捐献行为作为一种理想形态，落实到具体的个人的捐献行为，这一行为的社会心理基础却不是十分地牢固。完全遵循自愿、无偿捐献原则，并不能真正解决器官严重短缺现状。因此，剖析人体器官捐献的社会心理基础，深入分析现实社会心理制约因素，从法律上规制器官捐赠制度显得尤为重要。

一、人体器官捐献的概念

广义的器官捐献，是指自然人自愿将自己具有生理机能的器官、组织以及自然人死后的遗体赠予他人的行为。[②] 2007 年 3 月 21 日中国通过的《人体器官移植条例》中规定，人体器官移植是指摘取人体器官捐献人具有特定功能的心脏、肺脏、肝脏、肾脏或者胰腺等器官的全部

① 龚波撰写，刊于《心理医生月刊》2012 年第 226 期。

② 《中国大百科全书》，中国大百科全书出版社 2009 年版，第 554 页。

或者部分，将其植入接受人身体以代替其病损器官的过程。从事人体细胞和角膜、骨髓等人体组织移植，不属于人体器官移植，不适用本条例。该条例界定的人体器官范围不包括人体细胞、组织，而回归狭义的器官概念。因此，本书器官仅仅指医学概念上的器官，即心脏、肾脏、肝脏等不可再生器官，不包括医学概念上的组织和细胞，如血液、骨髓、角膜等。

二、人体器官捐献分类

捐献人体器官遵循自愿、无偿捐献原则，主要有如下几种分类：

（一）活体自愿无偿捐献

即供移植的活体器官来源于人们以自愿的方式将自己的活体器官捐献给需要接受器官移植的患者，以挽救患者的生命。虽然这是一项基于高尚目的的来源方式，但捐献活体器官的行为受到严格的法律限制，世界不同国家对摘取活体器官一般均采取严格的限制条件：即在不能从尸体身上摘取到器官，同时又没有其他的可替代的治疗方案的情况下，才能从活体身上摘取移植器官。同时医院必须得到提供器官者的知情同意，如果此人缺乏给予同意的行为能力，则只有当活体器官移植是挽救此人近亲属生命的必要条件，同时没有其他来源的活体器官可替代，同时要通过法律规定的程序获得授权同意的情况下，才能摘取其身上的活体器官。另外，对于等待执行死刑的死刑犯的捐献活体器官的行为请求，各个国家一般也不予支持。

（二）遗体捐献

遗体捐献有三种分类：

1. 自愿死后捐献器官

器官提供者的自愿捐献和知情同意是提供者自愿死后捐献器官的基本原则。人们生前自愿死后将器官捐献给亲属或者他人是供移植器官的重要来源之一，也是最值得首肯的来源方式。这种利他主义的行为方式，值得鼓励和赞美，因为它的有效性高于其他的器官来源方式。假如人人都生前自愿死后捐献自己的器官，供医疗移植的人体器官短缺现象有望基本得到解决，因此许多国家为促进自愿捐献做了大量工作。例如，贴在美国公民驾驶执照上的器官捐献卡要注明其在死后是否愿意捐献器官。在欧洲的荷兰和英国，由政府或社会组织进行人体器官、组织捐赠的调查工作或是散发捐赠卡。

2. 推定同意公民死后自愿无偿捐献器官

推定同意意思是指公民在生前没有主动并明确地表示在其死后不愿意捐献自身器官给他人的，则都可被推定为该公民在死后是自愿无偿捐献其器官的。这就表示只有公民或其家属主动表示不愿意的行动才能撤销这种推定同意。推定同意是自愿死后捐献器官来源方式的升级版。它在充分尊重死者的生前遗愿和其家属意愿的基础上，既有效地增加了器官的来源，又有效地解决了尸体器官被白白浪费的问题，因此各国也积极立法支持这一器官来源方式。1987 年，新加坡颁布的《人体器官移植法》体现了推定同意原则。德国、法国、西班牙等其他一些欧洲国家的器官移植法规中，都采用了推定同意其自愿死后捐献器官原则，以期达到解决器官来源紧缺问题。

3. 特殊群体的捐赠：死刑犯的自愿捐献

死刑犯的自愿捐献是指死刑犯提供者自愿在其死后将其器官捐献给他人，以拯救他人的生命，同时自愿捐献和知情同意也是死刑犯自愿死后捐献自身器官的基本原则。但由于国际社会人权理念的进步，废除或严格限制死刑已经在许多国家得以实现，并且形成了一股不可阻挡的法治潮流，影响到人们的法律观念和法律意识，因此，以死刑犯自愿捐献器官来解决器官来源问题已经日益不可靠。

三、器官捐献行为的社会心理基础与评析

人体器官移植作为一种科学技术进步的表现，它的正面价值不容置疑，它满足科学技术造福人类、救死扶伤的科学伦理和医学伦理要求。这种人体器官移植行为值得我们进一步地支持和扶持，以使其能更加完善地提高人类生命质量和人们生活水平。但要充分发挥科学技术进步的社会价值，不仅仅依赖于自身的研究、发展和完善，还依赖于良好的社会环境和社会心理基础，没有良好的环境和心理基础这些外在的社会土壤，技术的进步就可能会异化，造成对人类社会的伤害。因此，科学技术必须与良好社会结合起来才能更为完美地体现它的价值。就器官移植来说，科学技术需要捐献行为，这与科学技术的伦理目的是一致的。捐献人体器官用于救死扶伤，一般被认为具有高尚的价值目的，一般大众都赞同这一高尚的行为，并期待着这种行为的涌现。从这一点来说，捐献行为的目的价值是具有理想的社会心理基础的，它达到了社会心理与科学伦理、医学伦理三者之间的一致性。

但是，我们也应该看到，捐献行为作为一种理想形态，一般大众都对它表示赞许，因而它不存在多少理论上的争议，但作为落实到具体的个人的捐献行为，这一行为的社会心理基础却不是十分牢固的。期待的社会心理并不完全等同于现实的社会心理。人们期待这种一般大众都赞同的捐献行为的出现，并不等于人们会捐献自己的器官。因为，现实社会心理要受到传统的文化观念的制约。就国外而言，英国、美国、西班牙、智利等国，尽管这些国家是属于器官捐献率比较高的国家，但其愿意捐献器官的人还是比较少的。据统计，在英国，目前有超过 8 000 人在等待着器官移植，其中每年有超过 1 000 名病人，由于未能等到器官移植，以致离世。[①] 在美国，据统计数据报道：2003 年，实际需要器官进行器官移植的患者（即器官接受者）高达 83 863 人，而实际进行了器官移植的患者（即器官接受者）仅为 23 373 人。每天约有 16 人由于未能等到合适的器官进行移植，在等待中死亡。[②] 在西班牙，2008 年器官捐赠者在每百万人例数中所占比例最高，为 38. 1%，共 1 759 人。[③] 在智利，目前有 1 800 多人在等候器官移植，而器官供源缺乏一直是个难题，在 100 万居民中，只有 7 人愿意在死后捐献器官。[④] 在日本，因脑死亡而自愿捐献可供移植的肾脏不到 30%。[⑤] 要知道这些国家都是一些现代法制观念和人权理念比较普及的现代化国家，其他国家可想而

---

① 参见网易网：http：//news. 163. com/08/0114/09/425JLOMI000120GU. htm/，2018 年 1 月 14 日，最后访问日期：2018 年 6 月 12 日。

② 李顺万：“对我国器官移植立法的思考”，载《西南民族大学学报》（人文社科版）2004 年第 25 期。

③ 数据来源于：《中华移植杂志》（电子版），2009 年 5 月第 3 卷第 2 期。

④ 参见凤凰网：http：//news. ifeng. com/world/200903/0326_ 16_ 1078488. shtml.

⑤ 沈昀：“健康人捐出部分器官对身体影响不大”，载《南方日报》2007 年 8 月 2 日，第 B03 版。

知。在中国，自古就有保持全尸的传统，儒家思想中“死者为大”“身体发肤受之于父母”等传统观念早已深深地印在我国广大人民群众脑中，成为具有一定影响力的风俗习惯。中国几千年来的伦理传统是崇尚“身体完整，死后要入土为安”。对遗体的损坏，亲人们从感情上、情绪上会有厌恶感，亲人们情感上的力量往往会超过理性，感情上无法接受；同样地宗教信仰在西方也是如此：“人类的身体是灵魂的载体，是神圣的不可侵犯、不可伤害的”。亲人们从情感上、情绪上同样也无法接受亲人遗体器官的缺失。因此，无论在国外还是在中国，作为一种高尚的理念和理想，器官捐献行为得到一般大众的赞同，它不缺乏理想的社会心理基础，可是作为一种具体的个人行动，它却缺乏现实的社会心理基础，人们尽管在价值取向和理性方面肯定它的意义，却不愿在情感和传统文化心理方面接受它，这就造成了这样一个现象，即作为具体的个人都期待他人高尚，而不愿自己为他人无偿地捐献自己的器官。这样一来，具有高度认同感的自我牺牲行为，却由于缺乏现实的心理基础，其社会价值难以充分地实现，这也是当前的社会制度设计最应关注和解决的问题。

四、国内外法律对人体器官捐赠行为的规制

（一）世界主要国家法律对人体器官捐赠行为的规制

到目前为止，世界上已有美国、加拿大、英国、日本、挪威、瑞典等二十多个国家，先后颁布了一系列关于器官移植的法律法规，如：《器官移植法》《器官捐献法》《脑死亡法》等。在这些法律规定中，一

致选择了器官所有人捐献的器官作为器官移植的唯一器官来源，器官移植人和器官接受人只能以法律规定的方式获取器官方为合法，其余的方式均遭到法律的禁止。

（二）我国法律对人体器官捐赠行为的规制

目前，我国制定的位阶最高的法律性文件是 2007 年 5 月 1 日正式颁布实施的《人体器官移植条例》。该条例与世界上主要国家一致的立场是只承认以自愿捐献方式获取人体器官的行为为合法，其余行为为非法。其主要内容如下：

1. 摘取活体器官的原则

我国《人体器官移植条例》把从活体上摘取器官的行为严格限制在遵循捐献自愿的原则基础上，具体规定如下：

第 3 条规定，任何组织或者个人不得以任何形式买卖人体器官，不得从事与买卖人体器官有关的活动。

第 7 条规定，人体器官捐献应当遵循自愿、无偿的原则。

公民享有捐献或者不捐献其人体器官的权利；任何组织或者个人不得强迫、欺骗或者利诱他人捐献人体器官。

第 8 条第 1 款规定，捐献人体器官的公民应当具有完全民事行为能力。公民捐献其人体器官应当有书面形式的捐献意愿，对已经表示捐献其人体器官的意愿，有权予以撤销。

第 10 条规定，活体器官的接受人限于活体器官捐献人的配偶、直系血亲或者三代以内旁系血亲，或者有证据证明与活体器官捐献人存在因帮扶等形成亲情关系的人员。

2. 摘取尸体器官的原则

我国《人体器官移植条例》对从尸体上摘取器官的行为也同样严格限制在遵循捐献自愿的原则基础上，具体规定如下：

《人体器官移植条例》第8条第2款规定，公民生前表示不同意捐献其人体器官的，任何组织或者个人不得捐献、摘取该公民的人体器官；公民生前未表示不同意捐献其人体器官的，该公民死亡后，其配偶、成年子女、父母可以以书面形式共同表示同意捐献该公民人体器官的意愿。

3. 违法行为的责任承担

违反上述自愿原则，要承担相应法律责任。我国《人体器官移植条例》和刑法均规定了违法行为的行政责任、民事责任和刑事责任。

总之，世界其他主要国家和我国政府，已经注意到法律的导向和规范作用，并且已经运用这种特有的导向和规范作用来培育正常的社会捐献心理，争取更多的人加入到人体器官捐献队伍中来，更好地解决器官短缺问题，这种导向、规范作用已经在社会公众心理当中产生了一定的影响，尽管其影响力还十分有限，但滴水穿石非一日之功，社会心理的形成和文化传统的改变是一个漫长的过程，因此我们应该有足够的耐心来做这种期待，但同时也该采取除法律之外的其他手段，如通过文学、艺术等形式，大众传媒的手段来影响广大受众，加速新的社会心理的形成。

五、我国相关法律对社会捐献心理培育的进一步完善的设想

捐献是一种无偿的奉献，是对需要帮助的对象无偿奉献自己的财物、身体器官甚至生命的行为。捐献是人类社会中高尚的品格，历来受到一般大众的称赞和褒奖。人体器官捐献更是一种值得称赞的行为，捐献行为人出于人类爱的情感，奉献自己的器官挽救他人的生命健康，对他人和社会做出了巨大的贡献，本身就是一种见义勇为的高尚行为。这种行为只对他人和社会有利，捐献者自己却没有任何利益收获，甚至在某种程度上还会由于社会和国家的冷漠，承担生命健康或情感方面的不利影响或伤害，这种影响或伤害有时甚至会累及捐献人的亲属，使家人承受巨大的情感痛苦。因此对于自愿捐献自己器官的行为，国家应该表现出极大的尊敬和关爱，除了给予精神上的褒奖外，还应给予物质上的奖励。这种奖励不是物质交换，也不是补偿，而是对于无私奉献的高尚精神的鼓励。它的目的是使更多的人受到鼓励而学习捐献行为，愿意捐献出自己的器官，而不是要使无私奉献人在捐献出自己器官的同时，还要饱受国家的冷漠，使其他愿意捐献器官的人的情感遭受打击，从而堵塞了器官来源的渠道。

国家对捐献行为人的关爱，主要表现为在法律中培养公民对国家的依恋感和信任感，使其愿意在他人处于危难之时，为他人做出必要的牺牲，而国家则对贡献人给予最充分的关照和补偿，只有这样才有可能实现国家法律的导向和规范作用。因此，笔者建议国家应建立国家控制之下的有偿捐献制度；这种制度的主要内容应包括三方面：一是对捐献人

因器官移植而产生的费用的支付，这部分费用不应该由捐献人支付，而应该由国家支付；二是对捐献人实行国家物质奖励，以褒奖捐献行为的高尚性；三是给予器官捐献者及其家属在日后需要器官移植时的优先获得器官供给权。国家对捐献行为的奖励只有包括了上述内容才算公平合理，才能鼓励更多的人加入到器官捐献队伍中来，尽最大的可能扩大捐献器官来源，满足器官移植的需要。

人体器官犯罪获取行为的社会心理基础与法律规制[①]

器官移植是治疗疾病的重要手段。在人体器官移植中，器官严重短缺将是一个长期存在的社会现象。为了获得高额的利润，犯罪分子甚至不惜用盗窃、欺骗、谋杀的犯罪行为方式获取人体器官，严重危及社会公共秩序的安全。人体器官犯罪获取行为有着深厚的人性弱点和社会心理基础，深入分析这些弱点和社会心理基础，有利于创制更符合人性的法律规范，从而更为有效地从法律层面上制约人性的弱点发展和膨胀，从根源上杜绝其外化为犯罪行为。

一、问题的提出

人体器官移植这门新兴医学技术已成为治疗疾病的重要手段。但是，我们也应该看到，由于供体的有限性和需求的速增性，器官短缺问题已成为制约器官移植健康顺利发展的关键。更为严重的问题是，这种短缺状况，不仅仅造成了病人的痛苦，而且引发了一系列的社会问题，如器官买卖、器官犯罪等。为了获得高额的利润，犯罪分子甚至不惜用盗窃、欺骗、谋杀的犯罪行为方式获取人体器官。因此，为了控制器官犯罪获

① 龚波撰写，刊于《法制与社会》2013 年第 4 期。

取行为的发展蔓延，有必要对犯罪获取行为进行社会心理分析。

二、人体器官犯罪获取行为方式分类

人体器官来源方式主要分为：第一，自愿无偿捐献活体或遗体器官；第二，非法器官地下买卖交易；第三，以犯罪方式获取器官。通过犯罪方式获取人体器官是人体器官移植中器官来源最极端的一种方式，根据我国刑法规定，该方式有如下表现形式：

（一）盗窃活体器官

盗窃活体器官是指行为人采取秘密的手段，违背被害人的意愿，获取被害人身上的活体器官以供移植之用。其主要方式是指采用将受害人灌醉、麻醉或在手术中私自摘取等手段获取受害人器官。

（二）盗取尸体器官

盗取尸体器官是指行为人违背死者生前意愿和其家属意愿，采取秘密手段，获取尸体器官以供移植之用。其主要方式是利用职务或职业的便利私自摘取医院死亡患者的器官。

（三）骗取活体器官

骗取活体器官是指行为人采用虚构事实或隐瞒真相的方式，使得被害人自愿接受摘取器官手术，其行为实质上是违背了受害人的真实意思。

（四）暴力获取人体器官

暴力获取人体器官是指行为人违背被害人的意愿，采取以暴力、胁迫等使被害人及亡者家属不敢抗拒、不能抗拒的非法手段，强行摘取活体器官或者违背被害人生前意愿和其家属意愿强行摘取尸体器官供移植使用的行为。其主要方式是指采用暴力、胁迫等手段获取受害人器官。

（五）组织出卖人体器官

买卖人体器官是指违反我国《人体器官移植条例》的规定，私下进行人体器官交易的行为。实施这种行为的主体包括出售人、中介人、接受人、手术的实施者，但根据我国《刑法修正案（八）》第 37 条“组织出卖人体器官罪”规定，我国刑法只处罚器官交易中的组织者的组织行为，即指以招募、雇用、领导、指挥、强迫、引诱、容留等手段，纠集、控制多人从事出卖人体器官的行为，其中强迫、引诱方式表现出来的“组织他人”，只能是组织他人参与出卖人体器官的行为，而不是组织受害人即“供体”的行为。

三、人体器官犯罪获取行为的社会心理基础与评析

器官犯罪，是当前人体器官移植中最无社会价值的行为。因为它完全是奠定在损人利己的极端私欲的基础之上，以犯罪经济利益为核心的损害他人利益的危害社会的行为。其必然缺乏广泛的社会心理基础，为社会价值评判所否定。因此，它的社会心理基础只能是社会犯罪心理，必然在法理上和道义上受到严厉的谴责。

器官犯罪行为，从人类社会行为层次的角度来说，是一种在价值位阶上最低层次的严重越轨行为。

一般来说，人类的行为可分为四个层次：

一是纯粹的利他行为，这是最高尚的道德指引下的行为，如为国捐躯、舍身救人、大公无私、大爱无疆等高尚行为。这种行为应该得到社会的颂扬，奖励以及丰厚的回报。但是，这种最高尚的行为大体上只有神、圣人和君子可以做到。但这些极端高尚的人，在人类社会中是罕见的，它缺乏最牢固的社会心理，一般大众不可能具有这样的情操。何况即使是神、圣人和君子，如果长期得不到社会褒扬的回报，他们的高尚行为也可能会逐渐减弱，甚至会慢慢消失，荡然无存。因此，高尚和道德是需要付出成本代价的。法律不能强人所难，不能期待或强迫人们去做不愿做的事情，如果法律硬要规定人们必须得捐献自己所有的一切，这或许是一种法律乌托邦的梦想。

二是以自我为中心的利他又利己的行为，如商业交换式的行为。这是一般大众的行为，也是社会能接受的行为。这种行为是推动社会发展的最基本的驱力。也就是说，如果社会不满足人们合理的私利，不照顾到人们的现实利益，要求人们做出无偿的牺牲，是不合理、不现实和不可能长久的；人们的行为必须是有偿的，这是人们遵守道德和法律所必须付出的成本代价，如果仅仅指望人们的高尚道德情操来解决问题，这是非常幼稚的做法。以自我为中心，做既有利于自己又有利于社会的事情，这是广泛的、一般大众的社会心理和价值取向。

三是利己不利他的行为。这种行为在绝大多数的情况下，也是可以接受的，这也是法律和道德的底线。也就是说，你可以做一个自私的人，但你不能害人。你可以以昂贵的价格出售自己的器官给有能力给予更高金钱的人，而不出售给更需要的穷人，但是，你不能出售不合格的带有传染病毒或没有功能的器官给他人，损害他人的生命健康。

四是利己害他的行为。这是一种普遍不能接受的行为，在绝大多数的情况下是一种危害社会的无价值行为。它会摧毁人类社会赖以生存的群体规则，破坏人类社会积累起来的物质财富和精神财富，与人类社会的感情准则格格不入。因此，没有一个社会形态允许这样的行为存在。

对照上述的行为层次，我们可以看到，器官犯罪行为尽管在客观上为患者提供了需要移植的器官供体，挽救了患者的生命，但由于它的目的和手段的反社会性和反人类性，在价值位阶上处于人类行为的最低层次。它为人类社会心理所不能接受，与人类社会的普遍价值观存在严重的对立。因此，也成为人类社会必须从规范和伦理上予以控制和防范的社会问题。

从犯罪角度来说，器官犯罪行为与一般的违法犯罪行为相比，又是最严重的犯罪行为。其严重性在犯罪行为中是最高的，几乎在所有国家的刑法规范中，这种行为所触犯的罪名都是重罪。其原因在于它最严重的社会危害性和主观上的恶性。

（一）它侵害他人的生命健康权

器官犯罪以获利为目的，以杀人、抢劫、绑架、欺骗和盗窃等手段，摘取了被害人的器官，以出售的方式获取高额利润。虽同时在客观上间接产生了救助他人生命健康的作用，但是，由于其目的和手段的反社会性，其行为不具有救死扶伤的价值底蕴。它在拯救一个人的生命健康的同时，又以违背被害人意志的手段，损害另一个无辜人的生命和健康。两者之间不具有价值的平衡性和相当性，而只服务于一个目标就是非法高额利润的获得，这一目标使该行为不具有任何正当性可言。违背他人的意志，以损害他人的生命健康为手段来实现自己的利益，自然缺乏广泛的社会心理基础的支持。在当代社会的价值取向中，人可以通过牺牲或价值交换手段来处分自己的人身利益以实现更高尚的社会目标，但绝不允许人在被强迫、被欺诈的情况下，违背自己的意志，处分自己的人身利益以实现他人的不正当目的，哪怕这种目的披上了社会价值的外衣。

（二）它破坏了公平交易的原则

众所周知，公平公正原则是法律的一项基本原则，也是法律追求的价值目标。公平交易是法律公平公正原则在民事法律中的具体化。在器官交易中，器官提供者与器官接受者在双方自愿原则的基础上，达成合意，器官提供者以提供自己的器官为前提，获得相应的价值回报，而器官接受者则以提供价金为前提，获得自己需要的器官，从而完成双方的交易行为，这在民法上是天经地义的事。但器官犯罪则不同，其一，它破坏了民事交易的自愿和真实意愿表达的原则，而代之以暴力、欺诈等违背当事人意愿的手段，使器官获取行为完全违背了被害人的意志，不具有交易的正当性。其二，犯罪行为人获取器官的目的是为了交易，并从交易中获取高额的经济利益。因此从交易中获取的高额利益只能被犯罪行为人独占，而提供自己器官的被害人却难以享有出售器官产生的利益成果。这本身就是对公平交易原则的侵害，是一种有害的交易行为。

（三）它鼓动了破坏社会秩序行为的蔓延和发展

器官犯罪行为的心理基础不是以同情和怜悯为核心的主体社会的社会心理，不具有社会的亲和性，而是犯罪心理，是一种被主体社会所排斥的以满足自己私利为目的反社会反人类的犯罪社会心理。这种心理来源于少部分人的极端的经济利益需要，它驱使着行为人为满足这种极端的需要而实施犯罪行为。同时这种心理在外化为犯罪行为的过程中，极易产生极强的感染性，使这种心理由原来的个人心理转化、扩大为犯罪社会心理，对他人的行为指向具有极强的暗示作用，会引导更多的人进行器官犯罪活动，以获取高额的利润。而犯罪行为的成功和高额利润的获得又会固化行为人的获利性的犯罪心理的坚硬度，提供更明显的社会行为示范效应，使行为人组织起规模更大的犯罪组织和犯罪活动，获得更大的高额利润，造成更多的无辜人的人身权利的伤害。因此，我们应该看到，虽然随着犯罪行为的扩大和犯罪活动的深入发展，能够提供的器官来源会越来越多，但是，伴随的社会人身伤害刑事犯罪也会越来越多，社会秩序和价值体系会受到极大的冲击和伤害。因此，必须从制度层面上遏制这种行为的发展蔓延。

四、国内外法律对人体器官犯罪获取行为的规制

（一）世界主要国家对人体器官犯罪获取行为的规制

1. 关于确定组织出卖人体器官为犯罪的法律规定

（1）美国 1984 年《全国器官移植法》明确规定，参与、组织人体

器官买卖活动的，将被处5年监禁或50万美元的罚金，两项处罚可以并用。

（2）法国

《法国刑法典》第511－2条第3款设立了走私人体器官罪，此条款规定，向国外走私人体器官的，处7年监禁并处10万欧元罚金。

2. 关于确定器官暴力犯罪的法律规定

（1）俄罗斯联邦。1997年《俄罗斯联邦刑法典》第120条明确规定，为移植而强制摘取人的器官或组织做移植罪。其第1款规定，为了移植，以暴力或暴力相威胁强行摘取他人器官或组织的，判处4年以下剥夺自由，可以并处3年以下剥夺担任一定职务或从事某种工作的权利。第2款规定，明知他人处于孤立无援的状态或者在物质或其他方面从属于犯罪人而实施上述行为的，判处2年以上5年以下剥夺自由，可以并处3年以下剥夺担任一定职务或从事某种工作的权利。

（2）日本。《日本刑法》第222条明确规定，以加害生命、身体、名誉或者财产相通告胁迫他人的，构成胁迫罪。根据其内涵的逻辑推定，强制、胁迫摘取人体器官的行为自然被该罪名所涵盖。

（3）法国。《法国刑法典》第511－3条明确规定，事先未按照《公共卫生法典》第671－3条规定的条件取得当事人的同意，在成年活人身上摘取器官的，处7年监禁并处70万法郎罚金。

（4）德国。《德国刑法典》第168条"扰乱死者安宁罪（死者安息妨害罪）"，规定：非法夺走权利人保管的尸体、尸体的一部分或者骨灰，……构成犯罪。

（二）我国法律对人体器官犯罪获取行为的规制

1. 中国香港

《人体器官移植条例》第4条第（1）（c）款明确规定，提出或商议做出任何安排，而该等安排涉及为该器官的提供或提供该器官的要约而做出付款。

第（2）（A）款明确规定，任何人参与管理或参与控制属法团或不属法团的团体，而该团体从事的事务包含或包括提出或商议做出第（1）（c）款所提述的任何安排，该人即属犯罪。

从上我们可以看出，香港《人体器官移植条例》中对关于打击器官交易中介组织犯罪行为作了详细的规定。配以相应的刑罚，“任何人犯本条所订罪行，如属首次定罪，可处第5级罚款及监禁3个月，其后各次定罪，均可处第6级罚款及监禁1年。”

2. 中国澳门

第2/96/M号第17条明确规定，一、凡在本地区购买或出售他人身体器官或组织，或因取得或交付他人身体器官或组织而以任何方式支付或收取任何金额者，处至三年徒刑。二、下列者亦处相同刑罚：（b）创立、资助、领导或代表旨在促成或从事器官及组织交易之集团者。

第2/96/M号第16条（为摘取器官或组织之杀人）明确规定，法律对加重杀人罪所规定之刑罚适用于为从尸体中摘取器官或组织而杀人。

第19条（不法摘取及移植）明确规定，一、违反第五条任一规定而施行器官或组织之摘取，处至三年徒刑。

从上可知，澳门的法律详细地规定了器官犯罪获取行为方式及其处罚内容，构建了一个较严密的器官移植法律规范体系。

3. 中国大陆

（1）《人体器官移植条例》相关法律规定。2007年5月1日正式颁布实施的《人体器官移植条例》第25条规定，违反本条例规定，有下列情形之一，构成犯罪的，依法追究刑事责任：

①未经公民本人同意摘取其活体器官的；

②公民生前表示不同意捐献其人体器官而摘取其尸体器官的；

③摘取未满18周岁公民的活体器官的。

（2）《刑法》相关法律规定。2011年2月25日第十一届全国人民代表大会常务委员会第十九次会议通过的中华人民共和国刑法修正案（八），增加了“非法买卖人体器官罪”。

《刑法》第234条规定：“组织他人出卖人体器官的，处5年以下有期徒刑，并处罚金；情节严重的，处5年以上有期徒刑，并处罚金或者没收财产。未经本人同意摘取其器官，或者摘取不满18周岁的人的器官，或者强迫、欺骗他人捐献器官的，依照本法第234条、第232条的规定定罪处罚。违背本人生前意愿摘取其尸体器官，或者本人生前未表示同意，违反国家规定，违背其近亲属意愿摘取其尸体器官的，依照本法第302条的规定定罪处罚。”

第232条规定，故意杀人的，处死刑、无期徒刑或者10年以上有期徒刑；情节较轻的，处3年以上10年以下有期徒刑。

第234条规定，故意伤害他人身体的，处3年以下有期徒刑、拘役或者管制。犯前款罪，致人重伤的，处3年以上10年以下有期徒刑；致人死亡或者以特别残忍手段致人重伤造成严重残疾的，处10年以上有期徒刑、无期徒刑或者死刑。本法另有规定的，依照规定。

第302条规定，盗窃、侮辱尸体的，处3年以下有期徒刑、拘役或者管制。

总之，我国对器官犯罪获取行为有了相对明确的法律规范，这体现了我国法律对打击人体器官犯罪获取行为的重视。

五、我国相关法律规定的缺陷及其完善

我国对器官犯罪获取行为尽管有了相关的法律体系，但也同时存在严重的缺陷，因此，我们认为，我国的相关法律制度需要进一步完善，建立国家司法救济制度。具体包括两方面：

（一）对犯罪伤害的救济

由于供移植的器官的严重短缺，器官犯罪十分严重，特别是用犯罪手段摘取活体器官的活动非常猖獗，这就不可避免地给器官被摘取人的生命健康造成极大的危害。但由于相应的国家制度的缺失、刑事侦查能力的限制以及犯罪行为人的支付不能，被害人既不能从国家那里获得经济救济，也不能从犯罪分子那里获得赔偿，更不能从器官接受人那里获得补偿，个人和家庭生活陷入悲惨的境地中。因此，国家对这部分人给予司法救济就显得十分必要。因此，建立犯罪伤害的司法救济制度，依据法律对被害人提供适当、合理的经济补偿，是必要的国家行为，也是国家换取国民对之忠诚的必要条件。

（二）对器官移植受体非法获得的器官予以确权

犯罪的非法收益处理问题是一个非常复杂的技术问题。就一般刑事犯罪而言，如盗窃罪、抢劫罪、诈骗罪所获得收益，一般采取返还给被

害人的方式处理；对贪污贿赂罪所获得的犯罪收益一般以犯罪赃物的形式采取收缴的办法上缴国库处理。但是相对于人体器官来说，情况就复杂得多。因为不管以何种犯罪手段获得的人体器官已经由原来被害人身体机能的一部分变成了民法上可供交易的物，又由民法上可供交易的物变成了接受人身体机能的一部分，已经与其他维持生命健康的器官融为一体，不可分离，共同维持着生命的运转。倘若按照一般犯罪赃物处理的惯例，接受人植入的器官就要被重新地摘取，返还给被害人。那么，就不可避免地导致接受人的生命健康的危险，甚至直接导致接受人的死亡，这种行为无异于故意杀人，为法律所禁止；倘若不摘取移植到接受人身体中的器官，被害人的生命健康权和身体权就无法修复，这显然是不公平的，在法理上也是说不通的。面对这种两难境地，立法所应该做的，就是一方面不允许把已经移植到接受人体内器官重新摘取出来返还给被害人，因为任何人都不得非法剥夺他人的生命，包括国家和政府。另一方面，国家又要尽相应的责任，履行相应的义务，在被害人拿不到犯罪人的经济赔偿的情况下，给被害人一定的经济补偿。同时，对接受人所移植的器官进行权利的确认，承认接受人对移植器官的所有权，并与生命健康权和身体权融合为人身权，受到法律的保护，禁止任何人的非法伤害。

论我国人体器官移植中器官公正性分配及法律规制①

随着现代器官移植技术的飞速发展，我国器官移植已取得了令人瞩目的成绩，但由于器官供体的严重短缺，造成在器官分配过程中存在不公正现象。我国人体器官移植中器官应依据什么标准和原则来分配，如何用法律来保障，有效解决器官分配公正性问题，本书通过对人体器官移植中器官分配公正性原则的探讨，对我国现有法律规制存在的相关问题进行分析，最终提出对我国人体器官移植中器官分配相关法律制度的完善与建议。

一、问题的提出

我国是世界上仅次于美国的人体器官移植大国。据统计，在20世纪以来，我国器官移植取得了令人瞩目的进展。器官移植的临床应用使许多不治之症病人有了生的希望，然而，尽管成绩斐然，但中国仍然是世界上人体器官移植供体最短缺的国家之一，也是不争的事实。

演员傅彪从2004年8月被确诊为肝癌晚期，之后前后进行了两次换肝手术，遗憾的是手术后恢复效果不理想，于2005年8月30日在武

① 龚波、廖成娟撰写，刊于《医药卫生·文摘版》2015年第12期。

警总医院病逝。傅彪的离去虽然离我们已经有一段时间了，但是，留给我们的是对现在我国人体器官移植整个行业管理体系以及法律制度的思考。傅彪两次换肝，换的是谁的肝？在我国目前合法器官资源相当紧缺的背景下，他是通过何种途径两次在短时间内获得了匹配的肝源？我国人体器官移植中器官应依据什么标准和原则来分配？谁有权优先享受？其根据又是什么？对稀缺的器官资源在分配上如何用法律来保障，有效解决器官分配公正性问题，来真正实现患者的生命健康权？

二、器官公正性分配原则

（一）公平原则

公正是伦理学的基本范畴，在汉语中的解释为“公平正直，没有偏私”。在《荀子·正论》：“故上者下之本也……上公正则下易直矣。”因此，公正是一种价值判断。但公平的含义并非指将所有的利益与损害都要求平均地分配给每个个体，也就是说所有的个体之间在权利与义务的分配上是完全相等的。也就是说，在人体器官移植中，公平不是器官移植资源的平均分配，也不是毫无差异的等同等量，而是一种均衡状态，它要求资源配置者按照社会公众利益最大化的原则和需求导向原则来进行器官移植资源合理的分配，保证绝大多数社会群体的利益，不因财富和权力或知识的多寡而有所倾向。[①]

① 唐海燕：“器官移植伦理原则初探”，载《广西师范学院学报》（哲学社会科学版）2005年第3期。

（二）医学标准与效率结合原则

医学标准主要是从专业的角度来考虑的标准，如病人的病情，手术的成功机率，预期的价值等因素。这些都是必须客观判断的，另外还受现今的医疗科技水平和医务人员的技术能力水平影响。此外，由于不同器官的可操作性不同，要兼顾效率原则，根据这个特点，根据等待移植病人的病情严重程度以及地域就近原则，制定了一个在相应时间内能把病人和移植器官都运送到位的区域范围；然后再对这个区域范围的病人进行优先顺序排位评分，按总分值高低安排手术，以达到器官移植手术的最佳效果。

（三）贡献原则

贡献原则是指每个个体获得社会各方面资源的份额应该建立在个体对社会所作的贡献多少的基础上。在人体器官移植中，贡献不是考虑患者过去或未来对社会的贡献影响的大小，而是借鉴《献血法》的做法，确立捐赠者近亲属的优先权，即在同等条件下，近亲属可优先接受器官移植手术，并在相关费用方面，根据当地政府的有关规定享受减免费用等优惠。

（四）公开透明原则

正如李克强总理指出的那样“阳光的地方多了，阴暗的地方就少了。”在人体器官移植中，应建立比较完善和透明的器官分配体系和专门的机构或者委员会，负责人体器官捐献登记与分配，并且公开器官分配信息，才能在一定程度上保证器官分配的公平、公正与公开。

（五）法律标准原则

公正，在英文中为 justice，是以 jus 为词根演变而来，本身就有法的意思，因此，公正含有一定的价值标准，在常规情况下，这一标准便是当时的法律，即每个社会都有自己的法律公正标准。在人体器官移植中，制定出实际可行的器官公正分配的法律标准，才能真正保证患者生命健康权的实现。

三、我国人体器官移植中器官分配相关法律规定的缺陷评析

我国尽管对器官分配有了相关的法律规定，但也同时存在严重的缺陷：

（1）法律位阶低、缺乏器官来源和分配问题的实际可行的具体法律规定。我国政府和卫生部门近些年不断立法规制以加大规范器官移植体系管理的力度。但无论是 2006 年出台的《人体器官移植技术临床应用管理暂行规定》还是 2007 年出台的《人体器官移植条例》，虽然都对从事人体器官移植的医疗机构实施人体器官移植手术收取的费用、准入条件、法律责任等各方面做出了详细规定，但两者均未对器官的来源和分配问题做出实际可行的规定，因此该规定尚无法缓解我国人体器官移植供需之间的根本矛盾。我国卫生部 2012 年制定的《中国人体器官获取与分配管理办法（试行）》，只能算是部门行政规章，其规定仍存在着法律位阶低，缺乏权威性问题，严重影响了其实施的效益。

（2）傅彪二次换肝事件的出现反映出在我国人体器官移植整个行业中管理体系以及法律制度的分配标准和分配原则存在严重的缺陷，值得我们去反思：我国人体器官移植中器官应依据什么标准和原则来分配？谁有权优先享受？其根据又是什么？

（3）虽然我国卫生部于2012年2月正式启用了中国器官分配与共享信息系统，依靠信息系统分配移植器官，但我国的人体器官移植分配系统仍处于摸索起步的阶段，该系统的管理、组成、运作机制都尚未成熟，并且还没有建立相对应的法律保障其实施，因此该系统尚待进一步的实践改进。

（4）缺乏相应的医疗保险制度。

四、完善我国人体器官移植中器官分配相关法律规定

因此，我们认为，我国的相关法律制度需要进行如下完善：

（1）制定更完善的国家层面的立法，使其具有更高的法律权威和尊严；制定更完善的器官来源和分配问题实际可行的法律规定，在后续的器官移植法律法规中继续加以深入与细化，以期真正解决我国人体器官移植供需之间的根本矛盾。

（2）确定我国器官移植分配标准及立法原则。如前所述，可根据公平原则、医学标准与效率结合原则、贡献原则、公开透明原则和法律标准原则建立一套完整的器官分配系统，做到真正公开、公平、公正地分配器官。

（3）除了建立“中国人体器官分配与共享系统”之外，还需要增设其他条件使其能够正常地运作起来，这样才能保证这个系统真正地达

到公正分配的目的，例如设立以非营利性为主的，而且是独立存在不必依附于医院的机构，该机构能以一个中立的立场独自制订政策和运转，这样独立开来的机构能更好减少各方的干扰以及实现器官分配的公正性。除此之外，还需要建立与之相对应的监督管理系统，以此来与分配系统相协调，这个监督管理系统应该是独立存在的第三方，减少医院、病人等因素的干扰，自主独立地运行，负责整个分配系统的信息传递监督，监测治疗过程，结果数据的汇总报告，对政府反馈相关信息和汇报等。在上述两个系统的结合下，才能有效地保证公正性的同时兼顾效率，在现今卫生资源短缺的情况下得到最大的效益。

（4）构建更趋完善的医疗保险体系。在人体器官移植过程中，高昂的手术费用同样是摆在患者面前的一个现实问题。由于器官移植手术费用数目大的问题很容易导致富人优先的情况发生，这显然是不公平的。如何真正实现器官公正性分配？要解决这个问题就要依靠政府对医疗保险制度的完善和加大对医疗费用的投入，这样才能真正实现供体器官分配的公正性。因此，要从根本上解决供体器官公正性分配问题，就要构建更完善的医疗保险制度。

论我国活体器官移植捐献人知情同意权的保障[①]

活体器官移植，乃至整个医患关系最为基础的权利之一便是知情同意权。知情同意权是患者自主决定权的实现方式，其法律效果在于阻却医师侵入性医疗行为的违法性。[②] 通过对医疗机构及其医务人员加以相应的告知义务，使活体器官捐献人获知将要实施的器官捐献手术、手术过程中存在的风险、预期收益等，从而自愿、真实地决定是否捐献其自身器官，进而实现捐献人生命健康权的保障。

一、我国法律关于知情同意权的现行规定

关于活体器官捐献人知情同意权，我国相关医药卫生法律均已做出规定。《人体器官移植条例》第 19 条第 1 款规定，从事人体器官移植的医疗机构及其医务人员在摘取活体器官前，应当向活体器官捐献人说明器官摘取手术的风险、术后注意事项、可能发生的并发症及其预防措施等，并与活体器官捐献人签署知情同意书。《人体器官移植技术临床应用管理暂行规定》第 24 条规定，实施人体器官移植前，医疗机构应当

① 喻小勇、龚波、唐义红撰写，刊于《医学与哲学》2017 年第 12 期。

② 陈化："知情同意在中国医疗实践中的介入：问题与出路"，载《中州学刊》2015 年第 6 期。

向患者和其家属告知手术目的、手术风险、术后注意事项、可能发生的并发症及预防措施等，并签署知情同意书。此外，我国《侵权责任法》第55条、《执业医师法》第26条、《医疗事故处理条例》第11条、《医疗机构管理条例实施细则》第62条等也有关于普通患者知情同意权的相关内容。

综上，我国相关医药卫生法律关于履行告知义务的实施主体（医疗机构与医务人员之间的法律关系）、医师具体告知义务的范围（现行法律均以“等”作为概括性的结束语，未能明确具体的告知范围）、患者实施同意的判断（现行法律仅提及取得“书面同意”）等，未能做出进一步的明确规定。当知情同意的伦理期待进一步演化为医事法律，乃至活体器官移植中知情同意方面的某一具体条款规定时，立法者则需要明确地界定知情同意的界限，或者制定一个可以合理期待的标准，否则活体器官移植实务就会陷入法律上的混乱。

二、知情权实现的基础——医师告知义务

（一）医师告知义务的主体

知情权实现的过程中，承认医师在专业上的主导性，强调告知是医师自始至终的基本义务。[①] 医患法律关系中，双方参与主体实质上为医疗机构与就诊的患者，说明义务履行的实质主体为医疗机构，而非具体

① 肖柳珍：“知情同意的前世今生：基于《希波克拉底文集》的重新解读”，载《医学与哲学》2017年第1A期。

负责医师。由于医疗机构本身无法履行告知义务，因此只能由医师基于职务行为代为履行。因此理论上，医师告知义务履行的实质主体是医疗机构，而具体实施者则为患者的具体负责医师。[①] 随着医学技术的不断发展，医务人员分工也愈发精细，各类专业医务人员均需要对各自领域的医疗信息进行告知并说明。因此，有观点认为告知义务主体之医务人员的具体范围，既包括为患者提供诊断、治疗服务的医师，提供护理服务的护士、提供药学服务的药师，也包括为患者实施特殊检查、抽血化验等检查的医技人员，甚至手术团队中的麻醉师等。

笔者认为，我国现行法律虽规定告知义务主体为从事人体器官移植的医疗机构及其医务人员，但其并未明确具体哪一类医务人员。在活体器官移植中，为尊重捐献人自主决定权，所有与捐献人器官捐献手术或者其他侵袭性检查或治疗相关的医务人员，均须就其负责的具体医疗行为，如诊疗、护理、药学、医技、麻醉等卫生技术服务，向捐献人加以说明。由于医疗团队通常由主治医师统筹全局，并安排具体的诊疗计划，因此可由具体负责医师代为统一履行告知义务。此外，负责医师基于民法之代理原则，可由其他医师、非医务人员、护理人员，甚至非专业的第三人代理向捐献人加以告知，但其前提为该第三人具有足以胜任说明义务的能力。[②]

（二）医师告知义务的判断标准

医师告知义务的判断标准是实现活体器官捐献人知情同意的核心准

① 金玄卿：“韩国的医师说明义务与患者知情同意权”，载《法学家》2011 年第 3 期。

② 吴志正：“谁来说明？对谁说明？谁来同意？——兼评医疗相关法规”，载《月旦法学杂志》2008 年第 162 期。

则。综合学界有关这一判断标准的现有研究，主要有以下四种学术观点[①][②]：①理性医师标准说。即一个合乎理性的医师，在医疗过程中根据其职业惯例或者医疗行业通行规则，通常均会向患者加以说明的医疗信息；②理性患者标准说。即一个合乎理性的患者，在医疗过程中通常都会想要获悉的医疗信息；③具体患者标准说。即凡依据患者的年龄、人格、信念、身心状态等个性特征，可以确知某一医疗信息为患者所重视的，医师均对该信息负有说明义务；④折衷说，又分为理性医师和具体患者标准的折衷、理性患者和具体患者标准的折衷。前者在赞成具体患者标准说的同时，更为强调仅当责任医师能够预见该具体患者主观上视某一医疗信息为重要时，才需要加以说明。判断该医师是否预见或者应该预见，需要用“相同情形下，一般医师是否了解或应当了解患者的这一心态”为标准；后者认为医师应向患者告知，对一般理性患者在做出医疗决定时具有实质性影响的医疗信息，同时医师需要尽可能地充分考虑具体患者的综合情况。

笔者认为，医师告知义务的判断标准应尽可能实现医师告知义务与患者自主决定权之间的平衡。若该判断标准对医师更为有利，则可能造成对患者自主决定权的侵犯；然则，又可能造成患者以医师未能充分履行告知义务而提起相应的医疗诉讼。对此，医师在医疗过程中为避免可能需要承担的各类型法律风险，从而倾向于防御性医疗。具体到活体器官移植领域，鉴于活体器官移植手术对捐献人身体的伤害性以及捐献人自身受益性相对较少，医师告知的判断标准应在尽可能平衡医患双方的

① 邓奕羿：“医师履行告知义务的判定标准”，载《医学与哲学》2012 年第 10A 期。

② 喻小勇、田侃：“循证医学及其对医疗侵权法律适用的影响研究”，载《证据科学》2015 年第 3 期。

利益的同时，适度向捐献人倾斜。因此，理性医师和具体患者标准的折衷说更符合活体器官移植领域判断医师告知义务的实际情况。

（三）医师告知义务的范围

《人体器官移植条例》第 19 条规定，从事人体器官移植的医疗机构及其医务人员摘取活体器官前，应当向活体器官捐献人说明器官摘取手术的风险、术后注意事项、可能发生的并发症及其预防措施等，并与活体器官捐献人签署知情同意书。由此可见，我国法律虽列举从事器官移植的医师告知义务的范围，但以“等”字作为结束语，表明医师告知义务的具体范围尚不明确。在医疗实践中，可能对医师苛加避免产生不利后果的注意义务，导致医师告知义务判断上的困境。

笔者认为，从保护活体器官捐献人权益视角，医师告知义务的内容至少应包括以下几个方面：①捐献人的身体状况是否可以实施器官捐献手术；②将要对捐献人进行的活体器官移植手术在目前的技术现状，包括手术风险、手术并发症、相应的救治措施等；③活体器官移植的手术过程，包括将要摘取器官的种类、摘取器官的范围（全部还是部分）、器官的基本功能以及是否具有可替代性等；④捐献人捐献过程中产生的相关费用及补偿问题；⑤捐献撤销权，器官捐献人可以在捐献过程的任何时间点中止或终止其捐献意见，并且不会因此受到负面评价，医疗机构及其医务人员应当对其停止捐献的原因予以保密。

上述告知义务在实施前，还应注意以下两点：第一，由于医学知识的高度专业性以及医患双方在医疗信息方面的不对称，活体器官捐献人存在无法理解具体告知内容的情况。[①] 医务人员不仅要保证捐献人知道具体的告知内容，还应当尽可能以通俗化、可理解的语言，采取口头、书面、多媒体等多种方式，充分帮助捐献人理解告知的信息；第二，在捐献人做出同意前，医务人员还可对具体告知内容进行检测，如采取访谈法或心理评估法等，以确认捐献人的理解程度。

三、履行知情权的后果——捐献人同意权的表达

（一）捐献人同意能力分析

目前学界关于患者同意能力判断标准，主要有以下三种理论学说。[②]

1. 以民法上的行为能力为准

该学说认为民法上的完全行为能力人可以依据其自身理解，作出是否同意实施医疗行为的同意决定，而限制或无民事行为能力人，只能由其法定代理人或委托代理人代为作出同意的决定。《人体器官移植条例》第 8 条规定，捐献人体器官的公民应当具有完全民事行为能力；第 9 条规定，任何组织或者个人不得摘取未满 18 周岁公民的活体器官用于移植。可见，我国法律上规定活体器官移植的捐献人只能为完全民事行为能力人。

2. 以刑法上的责任能力为准

《刑法》将刑事责任能力划分为完全刑事责任能力、限制刑事责任

---

① 喻小勇、田侃：“试论医患纠纷中的医疗信息公开问题”，载《南京医科大学学报》（社会科学版）2010 年第 2 期。

② 田利平：《论患者同意权》，吉林大学出版社 2011 年版。

能力和无刑事责任能力，其主要包括两个方面的内容，即辨认能力和控制能力。若采取刑事责任能力标准，则在判断患者同意能力时，需要综合考虑患者的实际年龄和精神状态，而刑事责任能力对年龄的规定相当严格，即从生日的第二天起算，而生日的前后两天对于患者的同意能力的判断并无区别。因此，若采信刑事责任能力的判断标准，则显得过于严格。

3. *以有无识别能力为准*

识别能力，是指患者能够理解诊疗措施的性质和目的，包括接受诊疗将对身体所做的处置、不治疗可能带来的风险后果、理解医师对其说明的各种风险以及副作用等，且患者理解水平与所作决定的重要性成正比关系。

笔者认为，采用第一种标准，可能与同意的具体内涵相冲突，也可能出现捐献人所做出的同意结论与其实际同意能力不符的情形。民法关于民事行为能力的规定为基础性规定，当涉及对某一具体的医学专业知识理解的同意时，还应权衡捐献人的真正理解能力；采用第二种标准，则出现以刑事领域的责任能力来判断民事领域“越界判断”问题。捐献人同意能力之判断实属民事领域问题，而法律之所以将民事能力与刑事能力加以区分并辅之不同的判断标准，主要考虑两者调节的社会功能并不相同。因此，在法理视角而言，这一标准缺乏足够依据；采用第三种标准，需要医师结合患者的个人情况综合判断，并且医师要投入较多精力，如何高效实施这一标准存在一定的问题。但无疑以有无识别能力的判断标准更符合患者个体实际情况。尤其是在活体器官移植领域，应充分考虑每一个捐献人的情况，以平衡捐献人将要承受的身体利益损害和未来的风险。

笔者进一步认为，捐献人同意能力的判断，除遵循现行18周岁以上完全民事行为能力人的要求之外，还应从以下三个方面予以综合判断：①捐献人对医疗方案的内容和程序是否具有充分的理解和评估能力；②捐献人对医疗方案的选择是否具有充分的逻辑思考和判断能力；③捐献人对医疗方案的实施后果是否具备推理和承受能力。捐献人同时符合上述三个方面要求，可认定其具备同意能力。

（二）捐献人同意的外在形式——知情同意书

医师履行告知义务后，患者行使知情权的直接法律表现就是签署知情同意书。从这一角度来看，知情同意书直接架构了患者的知情权与同意权。[①] 在我国医事法律苛加医方过重的举证责任、侵权责任而形成防御性医疗的当下，知情同意书往往是医疗机构出具的格式文书，且医务人员在将患者的诊断情况、治疗方案、并发症等·医疗信息简单加以告知后，即让患者或其亲属签字，知情同意书的签署即告完成。这一过程并未实质上保障患者的同意权，因此引发的纠纷亦非少数。此外，在知情同意书的具体内容上，也有不少问题。如由于医疗信息不对称所导致的知情同意书隐晦难懂、知情同意书的语言生硬等问题。

对于活体器官捐献人而言，其牺牲自我的行为并不是为了自己的利益，而是完全的利他主义精神，其没有通过这一医疗行为获得任何的生命和身体利益，相反还要承受身体利益现实的损害和未来的风险。因此，对于活体器官捐献人做出同意的决定，应比一般意义上治疗性医疗行为的同意更为严格。笔者认为，我国卫生行政主管部门应当尽快规范

① 王岳、邓虹主编：《外国医事法研究》，法律出版社2011年版，第39页。

现行的人体器官移植“知情同意书”，并根据不同的分类标准，出台具有不同侧重点的“知情同意书”范本。例如，根据移植器官种类的不同，制定不同的知情同意书范本。由于心脏、肝脏、肾脏和胰腺等器官移植，在手术成功率、术后并发症、移植器官存活期等方面均有其不同的特点，应当根据不同的移植器官制定不同内容的知情同意书。

（三）增设医学托辞制度

《人体器官移植条例》第 11 条规定，活体器官的接受人限于活体器官捐献人的配偶、直系血亲或者三代以内旁系血亲，或者有证据证明与活体器官捐献人存在因帮扶等形成亲情关系的人员。在活体器官捐献和移植中，由于捐献人和接受人之间存在一定的亲情关系，受传统互帮互助的家庭伦理观念影响，当某位成员需要器官移植的情况下，其他成员认为或者被认为有责任和义务检查自身的器官，以确认是否具备可捐献的情况。而一旦匹配捐献的条件时，来自内在的道德压力和外在的社会舆论压力，驱使其只能责无旁贷地按照捐献程序进行捐献。即使捐献人内心的真实想法倾向拒绝或者退出捐献。

尽管从表面上看，活体器官捐献人的生命健康权益尚未受到严重侵害，但其生命质量下降已成为不争的客观事实。一旦捐献后再次承受外来的疾病风险，就可能严重影响捐献人的生命健康。亲属之间的活体器官捐献本身就体现家庭成员之间的互帮互助和捐献人的牺牲精神，是一种绝对的利他主义行为，但这一行为不得衍化为一种法律上的义务。如果对活体捐献行为进行过度宣传与道德渲染，则容易将这一道德行为转变为道德绑架。即具备亲情关系并符合捐献要求的家庭成员，若未能将其器官捐献给需要的亲属，则极可能被判定为道德缺失，进而影响到捐献人内心真实的自愿意志。

笔者建议，在同意权行使的过程中，可增加医学托辞制度。当捐献人虽具备捐献条件，但实质上并无捐献真实意思时，医师可通过医学托辞加以拒绝。如医师基于捐献人实质上不同意捐献的真实意思表示，宣布其为“乙肝阳性”或是血型/组织配型不成功等。该制度创设本身为活体器官捐献人与接受人利益博弈的结果，除应要求医师履行相应的保密义务，以避免捐献人处于家庭的“道德舆论谴责”。还应保护医师的合法权益。即医师可要求捐献人在不想捐献的内心真实意思表达的书面材料上签字。即便患者或其家属知道这一事实，医师亦不应承担法律责任。

（四）同意的撤销——捐献撤销权

活体器官捐献人撤销权，是指已做出活体器官捐献决定的自然人，在实施捐献手术、摘除其活体器官之前，根据其自身真实意愿，撤销原先做出的捐献活体器官承诺的权利。《人体器官移植条例》第 7 条规定，公民享有捐献或者不捐献其人体器官的权利；任何组织或者个人不得强迫、欺骗或者利诱他人捐献人体器官。第 8 条第 1 款规定，公民捐献其人体器官应当有书面形式的捐献意愿，对已经表示捐献其人体器官的意愿，有权予以撤销。可见，我国明确规定公民享有任意撤销权。

笔者赞同应赋予活体器官捐献人任意撤销权，主要基于以下考虑：①活体器官捐献人做出的捐献决定，是一种绝对意义上的利他主义行为，捐献人的这一自愿行为，既非道德责任，亦非法律明确的义务；②活体器官捐献人的捐献决定，是一种无偿单务法律行为，社会观念与法律规定虽强调“信守诺言”，但不允许只负担而无受益的捐献人反悔，则又违背捐献人的自身的真实意愿以及法律公平原则；③活体器官摘取手术与捐献人的人身权紧密关联，亦难以强制履行。

然而，捐献人一旦做出捐献承诺并签署捐献协议后，是否有权在出现任何情况下，都可以任意撤销之前所做的捐献同意？接受人因对捐献人承诺的信赖利益，是否也应受到法律保护？基于捐献行为的利他性与无偿性，捐献人的任意撤销是否无须承担任何法律责任？

活体器官捐献人因行使捐献撤销权而需要承担的法律责任，需根据不同的情况进行分析：①在形成捐献协议，进行器官移植手术之前属于捐献准备期。活体器官捐献人向接受人做出自愿捐献的意思表示后，捐献人与接受人之间形成一般赠予合同关系，此时捐献人就其捐献行为享有任意撤销权。器官移植手术具备人身处分性的特点，被捐献器官在与捐献人身体分离之前，捐献人的身体完整权依然存在，法律应优先保护捐献人的人身利益；②在受捐人为接受捐献手术开始接受侵入性的医疗行为时，进入捐献进行期。器官接受人仍有权请求捐献人履行捐献义务，但由于捐献人对尚在其体内的器官享有身体权，接受人的捐献请求权无法对抗捐献人的身体支配权。因此，此时捐献人悔捐的，接受人仍无法请求捐献人强制履行捐献义务。但此时接受人已为手术开展作了必要准备。如肿瘤患者为捐献手术的顺利开展，须事先接受化疗或放射线治疗等，以消灭其残存于体内的癌细胞，从而会对接受人产生一定的副作用。此时，接受人因信赖利益保护而遭受的财产损失与身体损害，有权要求撤销捐献人承担相应的违约责任或侵权责任。

需要指出的是，属于下列情形的，撤销捐献的决定可不予承担法律责任[①]：第一，发生合同履行不能，即捐献人的身体情况已不再满足捐献条件，并经有权鉴定机构或者医疗机构确认的。但履行不能的情形是捐献人恶意造成的除外；第二，捐献进行期之前，捐献人已明确通知受捐者撤销捐献的。

① 唐义红："论骨髓捐献者撤销权的行使边界"，载《医学与法学》2015 年第 1 期。

第三篇
CHAPTER THREE

国家义务视野下器官移植法律规制

论我国人体器官获取行为的法律规制[①]

器官移植是一种符合伦理道德的善良行为。在人体器官移植中，器官严重短缺将是一个长期存在的社会现象。人体器官移植中的器官来源包括活体、尸体。在人体器官移植中，人体器官的获取主要通过两种行为方式来实现，即尊重提供者意志的获取行为与违背提供者意志的获取行为。现行的人体器官移植法律较为合理地规制了我国人体器官获取行为，但由于其规定存在着法律位阶低、死亡标准规定不合理、器官合法获取率低等缺陷，因而其规制是不全面的，需要我们采取更为现实主义的立法来弥补这些缺陷，以提高我国人体器官移植的技术效益和社会效益。

一、人体器官移植概念

器官移植是指器官提供者将其身体里健康的器官移植到器官接受者的体内，使器官接受者更换原有的患有疾病的器官，以获得健康的手术。

该概念包括三层含义：一是器官提供者（donor）提供的器官必须

---

① 龚波撰写，刊于《探求》2016年第1期。

是健康的。如果提供的器官携带有疾病或传染病的话，就达不到医治受者（器官接受者）的疾病，使其康复的目的。二是器官接受者（recipient）本身的器官因患有疾病而丧失其原本应有的功能，生命受到威胁。如果不移植可替代的健康的器官，患者就会死亡。三是器官移植的目的是救死扶伤，是拯救他人的性命，应该是一种符合伦理道德的善良行为。

二、国内外人体器官移植现状

从国际看，世界卫生组织的统计数据显示：全世界在人体器官移植过程中人体器官来源是极其短缺、严重不足的。其中，能提供器官的供者（即器官提供者）所捐献的人体器官的数量与实际需要器官进行器官移植的受者（即器官接受者）的人数的比例为1:30。[①] 而全球每年需要接受器官移植的患者还在以 12 % 的速度快速增长。人体器官移植中的器官供需矛盾日趋严重。更为严重的是，全世界每天约有 17 位在苦苦等待器官移植的患者因等不到合适的器官进行移植而不幸死去。[②]

从国内看，我国是世界上仅次于美国的人体器官移植大国。据统计，20 世纪以来，我国器官移植取得了令人瞩目的进展。至 2009 年，我国器官移植开展的手术数目已经累计高达 10 万多例，成为全世界瞩目的、位居前列的人体器官移植大国之一。但是，一直以来，我国的器

① 韩颖：“异种器官移植的发展与医学伦理学思考”，载《中国医学伦理学》2005 年第 6 期。

② 李顺万：“对我国器官移植立法的思考”，载《西南民族大学学报》（人文社科版）2004 年第 11 期。

官移植中器官来源依然严重短缺。据卫生部门统计数据表明：我国每年有150万人需要做器官移植手术，而实际上只有约1万人能找到合适的器官，进行器官移植。能够获得器官移植的机会的患者仅仅有大约1%。①

三、人体器官移植中的器官获取行为

（一）人体器官来源分类

人体器官移植器官来源包括两类：活体、尸体。其中，从器官移植医学手术本身的角度来看，从活体身上摘取的器官质量比从尸体身上摘取的器官质量具有明显的优势。但从活体身上摘取器官，毕竟会对供者的身体健康造成一定损害，所以不能成为我们积极提倡的器官移植方式。而从刚死亡特别是脑死亡的尸体上摘取合适的器官进行移植，既保证器官的质量，又可以解决器官资源短缺的问题，挽救更多濒临死亡的患者的生命，使其恢复健康，为社会继续创造更多的财富。从死刑犯身上摘取器官来解决器官来源问题，只有在部分保留死刑的国家还有一席之地，但也日薄西山，难以支撑器官来源的大任。

（二）供移植用人体器官获取行为的类型

1. 尊重提供者意志的获取行为

尊重提供者意志的获取行为即尊重具有认识能力和意志能力的器官

---

① 参见新浪网：http：//news. sina. com. cn/c/2012-06-11/153324573346. shtm/，2016年6月11日．最后访问日期：2018年6月12日。

提供者自己的自由意志，在提供者自愿同意的前提下获取器官的行为。包括活体自愿无偿捐献、遗体捐献、通过交易获取器官的三种行为方式。其中，活体、遗体捐献这种器官来源方式是器官提供者自愿、无偿地捐献自己的器官给需要接受器官移植的患者，以挽救患者的生命或健康。这种利他主义的行为方式，值得鼓励和赞美。

（1）通过活体自愿无偿捐献方式获取器官的行为。即供移植的活体器官来源于人们以自愿的方式将自己的活体器官捐献给需要接受器官移植的患者，以挽救患者的生命或健康。虽然这是一项基于高尚目的的来源方式，但如前所述，从活体身上摘取器官，毕竟会对供者的身体健康造成一定损害，所以捐献活体器官的行为受到严格的法律限制，世界不同国家对摘取活体器官一般均采取严格的限制条件：即在不能从尸体上摘取到器官，又没有其他的可替代的治疗方案的情况下，才能从活体身上摘取移植器官。同时医院必须得到提供器官者的知情同意，如果此人缺乏给予同意的行为能力，则只有当活体器官移植是挽救此人近亲属生命的必要条件，同时没有其他来源的活体器官可替代，同时要通过法律规定的程序获得授权同意的情况下，才能摘取其身上的活体器官。[①] 另外，对于等待执行死刑的死刑犯捐献活体器官的行为请求，各个国家一般也不予支持。

（2）依照死者生前的意愿获取遗体器官的行为。这种获取行为有两种方式：一是以捐献者生前明示自愿捐献为前提的获取方式。例如，贴在美国公民驾驶执照上的器官捐献卡要注明其在死后是否愿意捐献器官。在欧洲的荷兰和英国，由政府或社会组织进行人体器官、组织捐赠的调查工作或是散发捐赠卡。西班牙的器官捐赠可能是做得比较好的。

① 参见《中国大百科全书》，中国大百科全书出版社2009年版，第554页。

二是以推定捐献者死后自愿捐献为前提的获取方式。例如，1987 年，新加坡颁布了《人体器官移植法》（The Human Organ Transplant Act），该法体现了推定同意原则。德国、法国、西班牙等欧洲国家规定的器官移植法规中，都采用了推定同意其自愿死后捐献器官原则，以期解决器官来源紧缺问题。

这种高尚的、完全利他的捐献行为，作为一种理想形态，一般大众都对它表示赞许，因而它不存在多少理论上的争议。但落实到具体的个人的捐献行为，这一行为的社会心理基础却不是十分地牢固。期待的社会心理并不完全等同于现实的社会心理。人们期待这种一般大众都赞同的捐献行为的出现，并不等于人们会捐献自己的器官。因此，无论国内还是国外愿意捐献器官的人还是比较少的。在一些发达国家，进行人体器官移植的器官主要来源于从尸体身上摘取的器官，其所占的比例高达 90% ~95% 。然而，就是在这些发达国家中，也只有 20% 的人在生前立下遗嘱自愿死后捐献器官给他人，而 80% 的人是不愿意死后捐献出自己器官的。在欧洲国家中，西班牙的器官捐赠可能是做得比较好的。据 2008 年国际器官捐赠和移植情况统计显示，西班牙平均捐赠人数所占比例已达 38. 1/百万人，美国为 42. 4/百万人，英国为 20. 5/百万人，意大利为 25. 7/百万人，德国为 14. 6/百万人 。我国器官捐献现状更不容乐观。据 2008 年国际器官捐赠和移植情况统计显示，我国平均捐赠人数所占比例仅为 0. 03/百万人 。香港特别行政区 2008 年平均捐赠人数所占比例最高为 13. 3/百万人，共 93 人。[①]

这些数字意味着，绝大多数需要器官供体的患者由于不能及时接受

① ManyalichM, Costa AN, Paze G, “2008 International donation and transplantation activity. IRODaT preliminary data. Organs”, *Tissues & Cells* 2009, p. 528.

器官移植，要么在等待中死亡，要么在等待中痛苦地活着。

（3）通过交易获取器官的行为。这种获取行为有两种方式：一是私下买卖交易活体器官。私下买卖交易活体器官，即器官提供者与器官接受者私下达成买卖协议，由提供者出售自己的器官，接受者支付一定价金的非法交易行为。由于合法的器官供体的严重短缺，私下交易活动非常活跃，在 2007 年全球有记录的近 9.7 万例器官移植中，肾脏移植有 6500 多例，据统计约有 5% ~10% 的肾脏移植的器官来源于非法贩运活动。[①] 在印度，肾脏买卖可以说已成为一宗大生意。相关统计表明，肾脏买卖已达数千宗至数万宗。有人推测，印度的肾脏买卖占全世界肾脏交易的七成。其中，在孟买基本上以经纪人主导进行肾脏买卖，号称器官买卖的“麦加”（圣地）。[②] 而中国，光是 2012 年 1 月至 8 月，北京、河北等 18 个省市公安机关共打击组织出卖人体器官黑中介团伙 28 个，抓获犯罪嫌疑人 137 名。[③] 这种人体器官获取方式不仅在中国，在世界上大多数国家都是被禁止的。然而这种方式却是全世界人体器官移植手术中器官来源的重要渠道。

2. 违背提供者意志的获取行为

违背提供者意志的获取行为有六种表现形式：

（1）利用法律灰色地带获取行为。法律上所指的灰色地带，就是指那些违反了社会道德的约束，但没有明确的相关法律界定是否违法的

---

① 参见中国新闻网：http：//www. Chinanews. com/gj/gj-2j/news/2009/10-14/1909204. shtm/，2009 年 10 月 14 日，最后访问日期：2018 年 6 月 12 日。

② ［日］粟屋刚：《出卖器官》，董炯明译，平安文化有限公司 2002 年版，第 109 页。

③ 参见中国警察网：http：//news. cpd. com. cn/n10216184/n10216214/c12828288/content. html.，2012 年 8 月 9 日，最后访问日期：2018 年 6 月 12 日。

一些行为。

（2）盗窃活体器官行为。盗窃活体器官是指行为人采取秘密的手段，违背被害人的意愿，获取被害人身上的活体器官以供移植之用。据报道，德国一家医院的院长阿诺德·P，被指控涉嫌对69名患者实施了不必要的手术，并趁患者麻醉期间，暗中摘取患者的肠、胆囊、肾以及胸膜，进行暗中倒卖。[①] 中国也经常发生类似案件，如2007年5月16日，中国法院网登载的肖庆华、曾照旭发表的“人体器官是否属于盗窃罪的对象”文章中，就揭露了犯罪嫌疑人陈某用姿色引诱受害人到其出租房内，用迷药将受害人迷倒后，伙同刘某和徐某将受害人的两颗肾脏取走的案件。

（3）盗取尸体器官行为。盗取尸体器官是指行为人违背死者生前意愿和其家属意愿，采取秘密手段，获取尸体器官以供移植之用。美国曾发生过医院内部人员与犯罪组织相勾结，从244具尸体身上盗取1000件人体器官或人体组织在黑市上出售，牟取高额利润的案件。[②] 中国也同样存在类似的案件，2007年8月13日下午，郑州市某医院眼科主任，撬开门锁，潜入本院太平间，从陈某尸体上提取了角膜以供移植之用就是典型的一例。[③]

（4）骗取活体器官行为。骗取活体器官是指行为人采用虚构事实或隐瞒真相的方式，使得被害人自愿接受摘取器官，其行为实质上是违

---

① 参见搜狐网：http：//health. sohu. com/20090918/n266823313. shtml，2009年9月18日，最后访问日期：2018年6月12日。

② 参见中国新闻网：http：//www. chinanews. com. cn/gj/bm/news/2008/02 –01/1154179. shtml. 2008年2月1日，最后访问日期：2018年6月12日。

③ 参见中国高校人文社会科学信息网：http：//www. sinoss. net/2010/0414/20379. html. 2010年4月14日，最后访问日期：2010年4月14日。

背了受害人的真实意思，也在被法律禁止之列。这样的案件国内外都大量存在。最典型的是《北京晨报》2010年5月6日在《人体器官买卖调查：器官紧缺催生地下产业链》一文中，揭露了河南省鹤壁市淇县19岁的杨念等十几位年轻的小伙子在中介欺骗下出售自己的肝脏、肾脏的案件，该案中，出售器官者杨念只获得区区2.5万元，其余的被中介拿走。[①] 这样大的利润差距显然损害了器官所有人的利益。

（5）暴力摘取人体、尸体器官行为。暴力摘取人体、尸体器官是指行为人违背被害人的意愿，采取暴力、胁迫等使被害人及亡者家属不敢抗拒、不能抗拒的非法手段，强行摘取活体器官或者违背被害人生前意愿和其家属意愿强行摘取尸体器官供移植使用的行为。其中比较典型的是石家庄市行唐县人民法院2007年7月3日审理的被告人王朝阳为获得非法利益故意杀害被害人、贩卖其器官案。[②]

（6）国家强制征收死者器官行为。国家通过立法采取强制手段无偿征收死者的器官用于器官移植。这意味着不管死者生前及其家属是否同意，死者的可用尸体器官一律被征收为国家资源而用于器官移植以拯救患者的生命。这个方法比较有效地扩展了器官供体的来源，但却严重地侵犯了人的尊严和传统的伦理道德，特别是在中国这个具有浓厚传统死亡文化的国度，人们普遍难以从观念上接受这种做法。

---

① “人体器官买卖调查：器官紧缺催生地下产业链”，载《北京晨报》2010年5月6日。

② 王小波：“乞丐之死背后的器官交易”，载《南风窗》2007年第14期。

四、国内外相关法律对器官获取行为的选择

（一）国外器官获取行为法律规定

到目前为止，世界上已有美国、加拿大、英国、日本、挪威、瑞典等二十多个国家，先后颁布了一系列关于器官移植的法律法规，如：《器官移植法》《器官捐献法》《脑死亡法》以及《器官移植伦理指南》等。在这些法律规定中，一致选择了自愿无偿捐献的器官作为器官移植的唯一合法器官来源，其余的方式均遭到法律的禁止。在世界主要国家当中，只有伊朗才有限地允许器官买卖，交易双方不能私自或直接买卖，器官提供者卖给国家指定的监督管理部门和中介机构，并由国家出钱买下，由国家按照法定原则分配给器官接受者。这种方式比较有效地解决了器官短缺问题。

（二）我国器官获取行为法律规定

目前，《人体器官移植条例》是我国制定的位阶最高的规范性法律文件。该条例中与世界上主要国家保持一致的立场是，只承认以自愿捐献方式获取人体器官的行为合法，其余行为均非法。其规定如下：

1. 活体摘取器官基本原则

对于从活体摘取人体器官的行为，我国《人体器官移植条例》作了如下严格限制，并规定了四项基本原则：①捐献自愿无偿原则。我国《人体器官移植条例》第 3 条、第 7 条明确规定，我国人体器官捐献遵

循自愿、无偿原则，禁止买卖人体器官。②未成年人保护原则 。根据我国《人体器官移植条例》第 9 条规定，任何组织或者个人不得摘取未满 18 周岁公民的活体器官用于移植。③保护器官捐献人健康原则。根据我国《人体器官移植条例》第 19 条规定，从事人体器官移植的医疗机构及其医务人员摘取活体器官前，应当履行保护器官捐献人健康的义务。④保护器官接受人健康原则。根据我国《人体器官移植条例》第 16 条规定，实施人体器官移植手术的医疗机构及其医务人员应当对人体器官捐献人进行医学检查，对接受人因人体器官移植感染疾病的风险进行评估，并采取措施，降低风险。

2. 摘取尸体器官的原则

对于从尸体上摘取人体器官行为，我国《人体器官移植条例》也同样作了如下严格限制，并规定了三项基本原则：①遵循自愿原则。我国《人体器官移植条例》第 8 条第 2 款规定，公民生前表示不同意捐献其人体器官的，任何组织或者个人不得捐献、摘取该公民的人体器官；公民生前未表示不同意捐献其人体器官的，该公民死亡后，其配偶、成年子女、父母可以以书面形式共同表示同意捐献该公民人体器官的意愿。②死亡判定回避原则。我国《人体器官移植条例》第 20 条第 1 款规定，摘取尸体器官，应当在依法判定尸体器官捐献人死亡后进行。从事人体器官移植的医务人员不得参与捐献人的死亡判定。死亡判定回避原则对于预防在器官捐献人未死亡的情况下，因利害关系，从事人体器官移植的医务人员就摘取其活体器官，进行谋杀的行为具有积极意义。③尊重死者尊严原则。我国《人体器官移植条例》第 20 条第 2 款规定，从事人体器官移植的医疗机构及其医务人员应当尊重死者的尊严；对摘取器官完毕的尸体，应当进行符合伦理原则的医学处理，除用于移植的器官以外，应当恢复尸体原貌。

3. 违法行为的责任承担

根据我国《人体器官移植条例》规定，有关违法行为的责任承担具体如下：

①行政责任。我国《人体器官移植条例》第 26 条、第 27 条、第 28 条、第 29 条、第 30 条、第 31 条分别详细的规定了国家工作人员、医务人员、医疗机构等主体所应承担的行政法律责任。②民事责任。《人体器官移植条例》第 27 条第 4 款明确规定：违反本条例规定，给他人造成损害的，应当依法承担民事责任。该法条对于各主体应承担的民事法律责任规定笼统而概括。③刑事责任。我国《人体器官移植条例》第 25 条、第 31 条对一般主体和特殊主体的刑事责任分别进行立法规定。此外，我国《刑法》第 234 条规定，组织出卖人体器官罪、故意伤害罪、故意杀人罪及盗窃、侮辱、故意毁坏尸体、尸骨、骨灰罪，对犯罪的行为根据情节严重程度进行量刑处罚。总之，我国《人体器官移植条例》及相关法律规定已经初步形成了一个体系，使器官移植行为有了相对明确的法律规范，这体现了我国法律对人权保障的逐渐重视。

五、完善我国人体器官移植相关法律规定

首先，我国虽然对于人体器官移植进行了一些法律规定，有了相关的法律体系，但同时依然存在着严重的法律缺陷：

（一）法律位阶不高，缺乏国家层面立法

我国《人体器官移植条例》只是行政法规，法律位阶不高，没有

上升到全国人大及其常委会立法的层面，缺乏国家最高权威性，严重影响了其实施的效益。

（二）未认可和制定脑死亡的标准

我国未制定和认可脑死亡的标准，也不承认国际上通行的脑死亡标准，而我国目前通行的自然人死亡标准又存在着重大缺陷，既影响了患者的生命和生存的质量，浪费了大量的医疗资源，也影响了人体移植器官供体的质量。

（三）未制定明确的民事责任

《人体器官移植条例》第 27 条第 4 款关于各主体应承担的民事法律责任规定笼统而概括，没有明确应依法承担的具体的民事责任。

（四）对捐献方式的规定没有解决器官短缺问题

由于受我国传统文化的影响，我国人体器官捐献虽然在 2017 年达到 5148 例，[①] 但这与 150 万需要器官的患者数字相比，只能是一滴水滋养一片森林，几乎没有任何实质性的效果。

因此，我国人体器官移植相关法律制度需要进一步完善：第一，上升到全国人大及其常委会立法层面，制定出更完善的国家层面立法，使

① 参见新浪网：http：//news. sina. com. cn/0/2018-6-12/doc-ihcwpcmp6633072. shtm/，最后访问日期：2018 年 6 月 12 日。

其具有更高的法律权威性。第二，制定脑死亡标准，提高生命的质量和人体器官移植的效益。第三，制定明确的民事责任，违反《人体器官移植条例》规定，给他人造成损害的，应当依法根据不同的情况，分别确定相关当事人：如医疗单位、接受器官移植的患者承担相应的民事责任。第四，从现实主义立场出发，在充分保障人权的基础上，可以参照伊朗的做法，改进我国目前依赖捐献获取器官的方式，增加人体器官来源，扩大合法器官供应渠道，切实解决我国人体器官严重短缺问题，使广大患者能得到更大的福祉。

论非法器官移植中医院的法律责任[①]

在人体器官移植中，人体器官的获取主要通过三种行为方式来实现：第一，合法自愿无偿捐献器官；第二，非法“地下市场”买卖交易器官；第三，通过犯罪行为获取人体器官。在人体器官移植过程中，医院与医生“救死扶伤”开展人体器官移植手术本是一种符合伦理道德的善良行为。然而，在非法器官移植中，医院与医生却扮演了一个不光彩的角色。中国大陆的人体器官移植法律对医院与医生违法行为的责任承担进行了一些规定，较为合理地规制了我国人体器官移植中医院的行为，但由于其规定存在着法律位阶低、医院承担刑事责任不明确、医院及医生传播危险性疾病承担刑事责任不明确、医院与医生犯罪罪名规定不明确等缺陷，因而其规制是不全面的，需要我们采取更现实主义的立法来弥补这些缺陷，促进我国人体器官移植相关法律制度的进一步完善。

① 龚波撰写，刊于《法制与社会》2013 年第 5 期。

一、非法器官移植概述

（一）人体器官移植概念

器官移植是指将供者（即器官提供者）健康的器官移植到另一个受者（即器官接受者）体内，替代患者因患有疾病而丧失其原本应有功能的器官，使其迅速恢复功能、使患者获得健康的手术。

（二）人体器官移植中器官来源分类

1. 合法自愿无偿捐献器官

人体器官移植中的器官应通过自愿无偿捐献器官的合法方式获得。自愿无偿捐献器官主要有：①活体自愿无偿捐献；②尸体捐献；这两种方式。捐献人体器官用于救死扶伤，一般被认为具有高尚的价值目的，一般大众都赞同这一高尚的行为，并期待着这种行为的涌现。但由于文化伦理的影响，无论在国外还是在中国，尽管人们在价值取向和理性方面肯定它的意义，却不愿在情感和传统文化心理方面接受它，其社会价值难以充分地实现，这就造成了这样一个现象，即作为具体的个人都期待他人高尚，而不愿自己为他人无偿地捐献自己的器官。同时，由于器官供体的有限性和需求的快速增长性，造成了器官供求关系的严重失衡。

2. 非法“地下市场”买卖交易器官

由于合法的器官来源十分短缺，必然导致非法交易的滋生与蔓延，大量非法交易现象不断涌流。因此，巨大的利益需求和供需缺口也就催生了庞大的非法的活体器官买卖的黑市交易——“地下市场”。在“地下市场”里，一个肾脏的售价高达20万元人民币，此价钱并不包括器官移植手术的费用。[①] 在这个“地下市场”中，器官提供者（供体）、中间人（中介）、医疗机构（医院、制剂公司）及器官接受者（受者）似乎都是获利者，他们互相合作，各尽其责，从而形成了一条完整的利益链。

3. 通过犯罪行为获取人体器官

然而，即使是活跃的地下交易市场也难以填补器官供体短缺的巨大缺口，巨大的利润和巨大的需要，不可避免地滋生与器官有关的犯罪行为。为了获得高额的利润，犯罪分子不惜用盗窃、欺骗、谋杀的方式获取人体器官。

（三）非法器官移植中医院法律责任

非法器官移植是指与器官移植密切相关的，违反人类道德以及器官移植的基本原则以及相关法律规定，具有严重社会危害性的行为。[②]

在人体器官移植过程中，进行器官移植手术的专业性与技术性决定了供者（即器官提供者）、受者（即器官接受者）、医疗机构和医生三方关系之中医院与医生的核心位置，没有他们的参与，人体器官移植不可能顺利进行。也就是说，没有医院与医生的参与，通过非法“地下市

---

① 参见凤凰网：http：//news. ifeng. com/mainland/200908/0828 _ 17 _ 1325392. shtml，2009年8月28日，最后访问日期：2018年6月12日。

② 孟一姝：“人体器官移植的刑法问题研究”，山东大学2009年硕士学位论文。

场”买卖交易以及犯罪行为方式获取的人体器官，也不可能顺利地移植到受者（即器官接受者）身上。“没有消费者，就没有杀戮”，也就没有非法器官来源。那么，为什么医院及医生会积极参与到非法器官移植中？深层次的原因是什么？在我国现有法律规则下，医院及医生应承担怎样的法律责任？法律制度在哪些方面需要进一步完善，才能真正遏制医院及医生的非法器官移植行为？

二、非法器官移植中医院参与及原因分析

（一）医院频频参与非法器官移植

1. 医院参与非法器官地下买卖交易

湖南小伙子胡杰，26岁，打算通过“卖肾”来偿还欠下的1.8万元赌债。但从联系第一个电话开始，他就陷入一张庞大而严密的肾脏地下交易中介网络。尽管胡杰在交易的过程中，多次明确表示，并试图通过逃跑的实际方式表明“真的不想做了”，但最终没有成功，他最后仍然被送上山西省临汾长良医院简陋的手术台，切掉了左肾。[①] 事后医院拒不承认，临汾市卫生局组织人员对该院2010年3月至11月25日的所有手术病历进行封存核实，核查11月份门诊、入院收入，竟然未发现上述患者在该院实施手术的任何记录，甚至该医院领导和相关人员否认实施过肾脏移植手术，最终临汾市卫生局在胡杰现在打工所在地广州市番禺区卫生局、番禺区卫生监督所的协助下，对胡杰手术切口进行查

---

① “小伙遭强行取肾牵出地下肾交易网络”，载《中国青年报》2011年3月28日。

验及超声诊断，查证属实，此事才得以还原。[①]

2. 医院参与非法获取器官犯罪行为

为了获得高额的利润，犯罪分子不惜用盗窃、欺骗、谋杀的方式获取人体器官。2007 年 7 月 3 日，在石家庄市行唐县人民法院刑事审判法庭上，人民检察院的起诉书称："被告人王朝阳为获得非法利益预谋贩卖他人人体器官。2006 年 11 月 9 日晚，被告人王朝阳伙同王晓辉、刘会民、王永良（均在逃）将被害人仝革飞（乞丐）捆绑至行唐县上方村南的废弃旧变电站院内的房子中。王朝阳用事先准备好的工具将仝革飞拘禁，之后王朝阳与医生陈杰等人联系买卖人体器官的具体事宜。2006 年 11 月 15 日凌晨 5 时许，被告人王朝阳在废弃旧变电所内先将仝革飞勒死，之后欺骗医生陈杰等人称是被法院刚执行完死刑的人员，让其将肾脏、肝脏器官摘取，王朝阳得赃款 1.48 万元。刑事科学技术鉴定意见认为：仝革飞系被勒颈致机械性窒息死亡。"[②]

3. 医院移植患有疾病的人体器官，危害了患者的生命健康安全

为了获得人体器官，在苦苦等待中等不到捐献器官进行移植的很多患者只能选择从地下黑市中购买人体器官。器官出售者为了成功出售自己的器官、获得利益、完成交易，往往会采取隐瞒自己的病史和遗传史的方式。这些从地下黑市中购买的人体器官没有经过相关部门严格检查和配型，移植的器官质量无法得到保障，将这样的器官移植到患者身上，患者们就会被传染肝炎、艾滋病或其他疾病，极大地威胁到患者的

① 参见凤凰网：http：//news. ifeng. com/society/shnjd/detail_ 2011_ 02/26/4869125_ 0. shtml，2011 年 2 月 26 日，最后访问日期：2018 年 6 月 12 日。

② 王小波："乞丐之死背后的器官交易"，载《南风窗》2007 年第 14 期。

生命健康安全。

的确，相关报道也证实了这些情况的存在。2007 年至 2008 年 5 月，美国先后有 3 名患者在移植手术后不久便死亡，在美国移植产业里再次引起了轰动。其中一名年轻人在接受骨骼移植手术后一个星期去世，警方介入调查，查明原因是，此人接受的骨骼来自一名遭到枪击而死的年轻人。而真实的情况却是这名被移植的患者是因为受到了严重感染而死亡，受感染的器官移入到接受者体内导致其死亡。由于这些器官是通过非法盗取等手段取得，或进行秘密的地下黑市买卖交易获取，器官质量没有经过严格的检查就移植到患者身上，造成了疾病的传染，器官移植手术后所带来的并发症及死亡率也开始逐渐增加。[①] 最后确实直接危及了患者的生命、健康安全。

（二）医院铤而走险参与非法器官移植深层次原因

1. “重赏之下必有勇夫”

巨大的经济利润，是令医院“铤而走险”最直接的原因所在。上述的胡杰案，胡杰被切掉了左肾后，他的银行卡里被存入 2.7 万元，而患者为这个手术“花了 30 多万”。而其中将近 30 万元的巨额利润，却被中间人（中介）、医疗机构（医院）获得。[②] 2011 年 9 月，山东省德州市人民医院三名医护人员涉嫌参与非法组织人体器官买卖，在河北霸州被警方抓获。警方报道称，三人分别是医生、麻醉师、护士，通过中

① 陈轩：“美国黑市贩卖活体器官内幕：一个肾脏赚 4 万美元”，载《民主与法制时报》，2009 年 8 月 10 日。

② “小伙遭强行取肾牵出地下肾交易网络”，载《中国青年报》2011 年 3 月 28 日。

介人在霸州进行取肾手术，收取买方28万元。[①] 器官供体短缺的巨大缺口和巨大的需要，给进行人体器官移植手术的医生、医务人员和医院带来了巨大的利润。

2. 法律体制的不完善

立法力度不够，惩罚不严，而非法器官移植产生的利润巨大，是令医院“铤而走险”的原因所在。

一是对医生无刑事方面的处罚。上述的仝革飞案，涉事者包括武汉和北京有关医院医生。根据媒体报道，检方并未起诉当时的医生，他们是以证人身份出现在司法文书中和审判环节，这让王朝阳的辩护律师异常不解。[②] 2009年3月至5月的两个月间，河南农民、器官贩子蔡少华等，伪造供体和受体的亲戚关系证明，先后进行了4次器官买卖，获利接近60万元，被控非法经营罪获刑7年。根据判决书，这宗器官买卖案涉及北京几家医院。在对蔡少华的审判中，医生同样以证人身份出现而未被追究刑事责任。[③]

二是对医院处罚力度过轻。上述山西省临汾长良医院案，对医院最后的处罚结果是，被当地卫生部门收回《医疗机构执业许可证》。这也意味着，医院还有机会东山再起，重新去注册及申请新的执业证。[④]

---

① 参见为你辩护网：http：//www. scxsls. com/a/20111013/54992. html，2011年10月13日，最后访问日期：2018年6月12日。

② 寇桂君：“我国人体器官移植引起的法律问题、原因及对策初探”，载《社科纵横》2012年第1期。

③ 朝格图：“非法器官移植，医院该当何罪?”，载《南方周末》2011年3月24日，第A02版。

④ 参见人民网：http：//legal. people. com. cn/GB/14309187. html，2011年4月02日，最后访问日期：2018年6月12日。

三、国内外对非法器官移植中医院责任的相关法律分析

（一）国外相关立法规定

1. 国外关于非法器官移植中医院责任的立法规定

国家	时间	成文法	内容
英国	1989 年	《人体器官移植法案》	活体器官移植必须满足以下条件才合法：①医生已就捐献的风险和程序向捐献者作了说明和解释；②捐献者理解了这种说明和解释；③供体的同意不是通过强制或物质诱惑而获得的；④供体知悉他有随时撤回捐献的权利……以此为前提，供体的同意是医生摘取其器官用于移植而不构成犯罪的前提，然而，如果供体的同意可能会导致其死亡，则该同意就属于无效同意，此医生就可能因此而承担刑事责任，除非该同意是出于供体的最佳利益考虑 。
法国	1994 年	《刑法》	规定了“买卖人体器官罪”“强迫摘取人体器官罪”“医疗机构非法开展人体器官移植罪”和“走私人体器官罪”，均属于人体器官移植方面的犯罪。该法规定，付款人从他人身上取得器官之行为，无论形式如何，处7 年监禁并处 100 000 欧元罚金；充当中介，为付款人取得他人之器官提供方便条件或者有偿转让他人人体器官的，处相同之刑罚。
	1953 年	《公共卫生法典》	对器官移植的条件与程序进行了严格限定，如禁止摘取未成年人活体器官、摘取成年人活体器官须以具备医学上的必要性为前提且须获得捐献人之自愿同意、移植必须在得到法定机构批准的基础上进行等，如果医生违反这些规定，将会被追究刑事责任。

国家	时间	成文法	内容
俄罗斯	1996 年	《俄罗斯联邦刑法典》	第 120 条明确规定："使用暴力或以使用暴力相威胁，强制摘取人体的器官或组织做移植的，处 4 年以下的剥夺自由，并处或不并处 3 年以下剥夺担任一定职务或从事某种活动的权利。犯罪人明知他人处于孤立无援的状态，或者在物质方面或其他方面处于对犯罪人的依赖从属地位而对之实施上述行为的，处 2 年以上 5 年以下的剥夺自由，并处或不并处 3 年以下剥夺担任一定职务或从事某种活动的权利。"
蒙古		《蒙古国刑法典》	使用暴力或胁迫手段非法采集人体器官或人体组织的，要被处 4 年以下徒刑，或者并处禁止 3 年内担任一定职务或从事特定职业的刑罚；而明知是孤立无援的人或利用物质上或其他方面的优势而使用暴力或胁迫手段非法采集人体器官或人体组织的，则要被处以 5 年以上 10 年以下徒刑，或者并处禁止 3 年内担任一定职务和从事特定职业的刑罚。
日本	1997 年	《器官移植法》	第 20 条规定了"非法出售人体器官罪""非法买受人体器官罪""从事人体器官买卖中介罪"以及"为获利而非法为他人实施器官移植罪"四项犯罪；即买方、卖方、中介和医疗机构人员或机构，均可受刑事制裁。

2. 国外关于器官移植中传播危险性疾病医院责任的立法规定

国家	成文法	内容
蒙古	《蒙古国刑法典》	第 102 条、第 105 条就对此作了明文规定。根据这些条文的规定，"因无资格配制、移植人体器官或人体组织而造成疾病、残疾或者死亡结果的，处 3 年以下徒刑，或者并处禁止 3 年内从事医疗职业。从事制造业、贸易业的员工或者药品采购者，没有对其出售的人体器官或人体组织进行艾滋病病毒检测，因而将艾滋病传染给他人的，处以最低工资额 51 倍以上 100 倍以下的罚金，并处禁止 3 年内担任一定职务和从事特定职业的刑罚；或者并处以 3 年以下徒刑。医务人员过失传染艾滋病或艾滋病病毒的，处以 4 年以下徒刑。"

国家	成文法	内容
瑞士	《瑞士联邦刑法典》	第231条规定了故意或过失传播疾病罪，对包括利用器官捐献或移植而传播危险的、可传染的人类疾病的行为进行了惩罚性规定。
芬兰	《芬兰刑法典》	规定了危害健康罪，对利用器官捐献传播危险性疾病而对他人生命健康造成一般危险的，处以4个月以上4年以下的监禁。

（二）我国相关立法规定

1. 中国香港、澳门和台湾地区关于非法器官移植中医院责任的立法规定

地区	成文法	内容
中国香港	《人体器官移植条例》	第5条 （c）规定在移植手术进行之前，医疗机构应当履行告知义务： 一名注册医生（但并非将会自器官捐赠人身上切除器官或将器官捐赠人的器官移植于另一人体内的医生）已向器官捐赠人及器官受赠人解释以下事宜，而各人亦已明白该等事宜： （i）有关的程序； （ii）所涉及的危险；及 （iii）其本人可随时撤回同意的权利； （5）规定：人体器官移植委员会给予批准前，须确保器官捐赠人及器官受赠人均已获委员会认为具适当资格进行接见的人分别接见，而该人已向委员会就器官捐赠人及器官受赠人对第（4）（c）及（d）款所载事宜的理解做出报告。 （d）器官捐赠人并非于威迫或利诱的情况下同意切除该器官，而其后亦无撤回其同意；及 （e）没有或不拟做出本条例所禁止的付款。

地区	成文法	内容
中国澳门	第2/96/M号法律	第2条　一、第一条第一款所指行为仅得在为此目的获许可的医院内，在医生负责及直接监督下并符合有关职业规则进行。 二、获许可执业之医生，方得承担上款所指之责任。 第4条　一、人体器官及组织之捐赠，在任何情况均不得有报酬，且禁止交易。 二、禁止在澳门宣传人体器官及组织之交易。 三、禁止对捐赠人、接受人或第三人偿还因第一条第一款所指行为而即时引致或直接因该等行为而造成之任何开支或负担，但第八条第二款之规定不在此限。 四、做出第一条第一款所指行为之人及第二条第一款所指医院得就其提供之服务收取报酬，但在计算报酬时不得对手术涉及之器官或组织给予任何价值。 第8条　一、捐赠人有权获得医疗直至完全康复。 二、捐赠人亦有权就因摘取而造成之损害获得赔偿，不论其人或第三人有无过错。 三、以上各款所规定之责任由施行摘取之医院承担，但该院得将有关责任移转给承受的保险实体。
中国台湾	《人体器官移植条例》	第10条　医院、医师应报经卫生主管机关核定其资格及器官之类目，始得施行器官摘取、移植手术。

2. 中国大陆地区关于非法器官移植中医院责任的立法规定

目前，我国制定的位阶最高的规范性法律文件是2007年5月1日正式颁布实施的《人体器官移植条例》。该条例对非法器官移植中医院责任作了严格的立法规定，主要内容如下：

（1）行政责任

①医务人员和医疗机构

《人体器官移植条例》第27条第2款明确规定：实施人体器官移植

手术的医疗机构及其医务人员违反本条例规定，未对人体器官捐献人进行医学检查或者未采取措施，导致接受人因人体器官移植手术感染疾病的，依照《医疗事故处理条例》的规定予以处罚。第5款明确规定：违反本条例第21条规定收取费用的，依照价格管理的法律、行政法规的规定予以处罚。

②医务人员

《人体器官移植条例》第27条第3款明确规定：从事人体器官移植的医务人员违反本条例规定，泄露人体器官捐献人、接受人或者申请人体器官移植手术患者个人资料的，依照《执业医师法》或者国家有关护士管理的规定予以处罚。

第28条规定：医务人员有下列情形之一的，依法给予处分；情节严重的，由县级以上地方人民政府卫生主管部门依照职责分工暂停其6个月以上1年以下执业活动；情节特别严重的，由原发证部门吊销其执业证书：

（一）未经人体器官移植技术临床应用与伦理委员会审查同意摘取人体器官的；

（二）摘取活体器官前未依照本条例第十九条的规定履行说明、查验、确认义务的；

（三）对摘取器官完毕的尸体未进行符合伦理原则的医学处理，恢复尸体原貌的。

第30条规定：从事人体器官移植的医务人员参与尸体器官捐献人的死亡判定的，由县级以上地方人民政府卫生主管部门依照职责分工暂停其6个月以上1年以下执业活动；情节严重的，由原发证部门吊销其执业证书。

③医疗机构

《人体器官移植条例》第27条第1款明确规定：医疗机构未办理人体器官移植诊疗科目登记，擅自从事人体器官移植的，依照《医疗机构管理条例》的规定予以处罚。

第29条　医疗机构有下列情形之一的，对负有责任的主管人员和其他直接责任人员依法给予处分；情节严重的，由原登记部门撤销该医疗机构人体器官移植诊疗科目登记，该医疗机构3年内不得再申请人体器官移植诊疗科目登记：

（一）不再具备本条例第11条规定条件，仍从事人体器官移植的；

（二）未经人体器官移植技术临床应用与伦理委员会审查同意，做出摘取人体器官的决定，或者胁迫医务人员违反本条例规定摘取人体器官的；

（三）有本条例第28条第2项、第3项列举的情形的。

医疗机构未定期将实施人体器官移植的情况向所在地省、自治区、直辖市人民政府卫生主管部门报告的，由所在地省、自治区、直辖市人民政府卫生主管部门责令限期改正；逾期不改正的，对负有责任的主管人员和其他直接责任人员依法给予处分。

④各主体均应承担的责任

《人体器官移植条例》第26条明确规定：违反本条例规定，买卖人体器官或者从事与买卖人体器官有关活动的，由设区的市级以上地方人民政府卫生主管部门依照职责分工没收违法所得，并处交易额8倍以上10倍以下的罚款；医疗机构参与上述活动的，还应当对负有责任的主管人员和其他直接责任人员依法给予处分，并由原登记部门撤销该医疗机构人体器官移植诊疗科目登记，该医疗机构3年内不得再申请人体器官移植诊疗科目登记；医务人员参与上述活动的，由原发证部门吊销其执业证书。

国家工作人员参与买卖人体器官或者从事与买卖人体器官有关活动的，由有关国家机关依据职权依法给予撤职、开除的处分。

从上述规定可以看出，在我国《人体器官移植条例》中分别对各主体应承担的行政责任进行详细的立法规定。

（2）民事责任

《人体器官移植条例》对于各主体承担的民事责任条例的规定笼统而概括，仅在第27条第4款中明确规定：违反本条例规定，给他人造成损害的，应当依法承担民事责任。

（3）刑事责任

《人体器官移植条例》第25条规定，违反本条例规定，有下列情形之一，构成犯罪的，依法追究刑事责任：

（一）未经公民本人同意摘取其活体器官的；

（二）公民生前表示不同意捐献其人体器官而摘取其尸体器官的；

（三）摘取未满18周岁公民的活体器官的。

此外，2011年2月25日第十一届全国人民代表大会常务委员会第十九次会议通过的《中华人民共和国刑法修正案（八）》，增加了“组织出卖人体器官罪”。

《刑法》第234条规定：“组织他人出卖人体器官的，处5年以下有期徒刑，并处罚金；情节严重的，处5年以上有期徒刑，并处罚金或者没收财产。”“未经本人同意摘取其器官，或者摘取不满18周岁的人的器官，或者强迫、欺骗他人捐献器官的，依照本法第234条、第232条的规定定罪处罚。”“违背本人生前意愿摘取其尸体器官，或者本人生前未表示同意，违反国家规定，违背其近亲属意愿摘取其尸体器官的，依照本法第 302 条的规定定罪处罚。”

《刑法》第 232 条规定，故意杀人的，处死刑、无期徒刑或者 10 年以上有期徒刑；情节较轻的，处 3 年以上 10 年以下有期徒刑。

第 234 条规定，故意伤害他人身体的，处 3 年以下有期徒刑、拘役或者管制。犯前款罪，致人重伤的，处 3 年以上 10 年以下有期徒刑；致人死亡或者以特别残忍手段致人重伤造成严重残疾的，处 10 年以上有期徒刑、无期徒刑或者死刑。本法另有规定的，依照规定。

第 302 条规定，盗窃、侮辱、故意毁坏尸体、尸骨、骨灰的，处 3 年以下有期徒刑、拘役或者管制。

总之，我国《人体器官移植条例》对医院与医生违法行为的责任承担进行了一些规定，有了相对明确的法律规范，较为合理地规制了我国人体器官移植中医院与医生的行为。

四、我国相关法律规定的缺陷及其完善

尽管我国对非法器官移植中医院法律责任的承担有了相关的法律规制，但却存在严重的缺陷：

（一）缺乏全国人大及其常委会层面的立法

我国《人体器官移植条例》只能算是行政法规，没有上升到全国人大及其常委会立法的层面，缺乏最高权威性，严重影响了其实施的效益。

（二）未制定医院承担刑事责任相关的法律规定

根据我国《人体器官移植条例》与2011年《刑法修正案（八）》的相关法律规定，法律责任可以落实到医生个人身上，然而对于医院的责任如何具体界定仍没有上升到刑法的高度。

（三）未制定在人体器官移植中传播危险性疾病医院及医生承担刑事责任的立法规定

我国《人体器官移植条例》只规定了在人体器官移植中，医疗机构及其医务人员违反本条例规定，未对人体器官捐献人进行医学检查或者未采取措施，导致接受人因人体器官移植手术感染疾病，承担行政责任的法律规定。并未具体规定医院及医生的刑事责任。仅仅是行政上的处罚让人觉得罪重刑轻。

（四）对医生能否构成“组织出卖人体器官罪”缺乏法律意义的规定

买卖人体器官是指违反我国《人体器官移植条例》的规定，私下进行人体器官交易的行为。实施这种行为的主体包括出售人、中介人、接受人、手术的实施者，但根据我国《刑法》第234条之一“组织出卖人体器官罪”的规定，该条只处罚器官交易中的组织者的组织行为，即指以招募、雇用、领导、指挥、强迫、引诱、容留等手段，纠集、控制多人从事出卖人体器官的行为，其中强迫、引诱方式表现出来的“组织他人”，只能是组织他人参与出卖人体器官的行为，而不是组织受害人即“供体”的行为。作为人体器官犯罪的对象，既包括人的活体器官，也涵盖人死后的尸体器官，但不包括同属人体材料的人体组织和人体细胞，诸如眼角膜、血液、骨髓等。作为手术的实施者——医生，虽然参与了非法器官移植行为，却不能构成“组织出卖人体器官罪”。

因此，我们认为，我国的相关法律制度需要进一步完善。具体包括以下方面内容：

第一，制定更完善的全国人大及其常委会层面的立法，使其具有更高的法律权威和尊严。

第二，制定医院刑法责任的法律标准，同时明确参与非法器官移植医疗机构负责人作为第一责任承担者，予以相应的问责，承担相应的刑事责任。明确医院参与非法器官移植行为犯罪的罪行，能弥补当今我国法律空白。

第三，制定医院与医生在人体器官移植中传播危险性疾病承担刑事责任的法律标准。

第四，制定医院与医生非法参与人体器官移植专门罪名和相应刑罚，如增设“医疗机构非法实施人体器官移植罪”“非法为他人实施人体器官移植罪”。从国家法律层面上对目前医院与医生参与非法器官移植行为进行明确的法律规制，以填补法律空白地带。

胎盘买卖引发的法律思考[①]

随着现代科技和医学的发展以及人们身体健康意识的不断提高，胎盘也成为可以利用的对象。医学研究人员从胎盘中提取有药理价值的成分制造临床药品，甚至有些饭店在发现胎盘的营养价值后从医院收购胎盘，在自己的饭店里推出胎盘宴，生意红火得不得了。胎盘是否可以买卖在我国属新鲜话题，立法上还是一片空白。本书试图从法律层面上对胎盘的性质、权利主体以及胎盘的收集、管理和买卖等方面可能产生的法律问题进行探讨，希望能够寻找到相关法律对策。

一、胎盘的医学价值

胎盘是胎儿与母体交换物质的器官，它由母体子宫内膜与胎儿的叶状绒毛膜组成，呈扁圆形。胎盘的发育及功能与胎儿的生长直接相关。胎盘几乎具有人体各器官的功能以维持内环境稳定协调，保证胎儿的生长发育。胎盘的生理功能包括血液循环、物质交换和转运、激素与酶的合成及其免疫功能。当胎盘完成孕育胎儿、保证胎儿健康成长、与胎儿一同成功脱离母体的任务后，仍然具有较高的医学研究价值、药理价值

① 黄丽萍、龚波撰写，刊于《市场论坛》2006 年第 4 期。

和营养价值。在临床医学研究中，研究人员可以从胎盘中提取蛋白质，胎盘素以及激素物质等合成药品用于临床治疗。除此以外，还可以从胎盘中提取胎盘血，也就是新生儿脐带在被结扎后由胎盘内流出的血，它含有大量的造血干细胞，可以为白血病患者提供有效的治疗。在民间，很多人习惯把胎盘比喻成最大补的食品，称食用胎盘对身体相当有好处，所以，一些饭店利用人们对自身身体健康的关注推出胎盘宴，赚得盆满钵满。那么，胎盘的买卖是否为法律所禁止呢？胎盘的法律性质又是什么呢？这些都是我们接下来要讨论的问题。

二、胎盘的法律性质[①]

目前法学界对胎盘的法律性质有很大的争议，有的学者认为胎盘是人体器官，属于人身权的客体。在法律上，不能把胎盘作为物权的客体，因此像人类的其他器官一样，胎盘不能买卖，对它的处置也应从尊重人的角度出发，防止胎盘流入社会，以免损害人的尊严。而有的学者提出用“功能上的一体性”来区别已经脱离身体的人身组成部分的器官的法律性质属人身权还是财产权。他认为，与身体相分离的部分是否能构成人身权客体的前提就在于，它是否仍然保持了身体的功能或者将来是否可能会与身体相结合，如果依照权利主体的意思是为了保持身体的功能或者将来再与身体相结合时，则应当认为此项身体部分在其与身体分离期间，构成了功能上的一体性，仍应属于人身权的客体。所以“功能上的一体性”很重要的前提就在于该部分并未脱离权利主体的意

① 张耕、唐弦：“脐带血的相关法律问题”，载《法治论丛》2003 年第 5 期。

思控制。相反，在权利人对于身体部分不具有任何意思控制的情况下，它就不再具有与身体的功能延续性，而成为“物”。

也有理论认为，权利人在该种情况下享有的是一种附有人格利益的财产权。根据这一理论，胎盘在脱离母体后，不再与身体相结合并且不再保持身体的功能——即孕育胎儿，但其作为一种物，对人类仍旧有使用价值，因此，胎盘的法律性质毫无疑问就是财产权。

笔者比较赞同后一种观点。笔者认为，胎盘是人体器官但也是法律上的物。其具有物的特征：胎盘存在于人体之外。能作为民事法律关系客体的物只能是存在于人身之外的物。这里所指的人身并不以生理上的人体为限，如假肢、假牙，一旦成为人体的一部分，就不能再以物视之，而相反，虽然于生理上为人体的一部分，如头发、血液等，一旦与人体发生分离，就可以视为物了。

胎盘与其他的人体器官在法律性质上有着本质的区别，胎盘虽然形成于子宫内，但在产妇分娩的时候，会随着胎儿和脐带一同脱离母体并且不影响母亲身体的完整和健康，所以，笔者认为胎盘既然能与身体相分离并且能独立存在，就应该是法律上的物。而其他的人体器官则不同，例如人的脏器，角膜则不应该视为法律上的物，不能作为物权的客体。因为人的脏器或是角膜之类的人体器官在人体活着的时候不能与人体相分离，一旦分离就会影响人体的完整或是基本的生理功能。其次，胎盘属于有体物，它具有一定的价值或使用价值，能满足人们的利益需要，它还能为人所支配。因此，胎盘的法律性质是财产权而不是人身权。在此，还要注意一个问题，即胎盘与孳息的区别。

笔者认为，胎盘不是孳息。孳息是从原物本体中产生的物，并能带来一定的经济利益。这里的原物不包括人体，所以胎盘既然是由人体产生的，当然不是孳息。其次，孳息可以自由买卖而胎盘不行，并不是所有的胎盘都可以自由地交易、不受限制。胎盘由人体产生，就决定了它的特殊性，因此，法律也应当针对胎盘的特殊性对其加以规制。

三、胎盘的权利主体

胎盘的权利主体是谁，也是一个很有争议的问题。有的人认为，胎盘的权利主体是胎儿的父亲，因为主要是由于男性精子的作用使得受精卵形成并在子宫内腔着床后，胎盘才逐渐形成，如果没有男性精子的作用就不能形成胎盘，因此，胎盘的权利主体应该是胎儿的父亲。也有人认为，胎盘的权利主体是胎儿的母亲，因为胎盘主要形成于母体，没有母体孕育胎儿，就不可能产生胎盘。还有的人认为胎盘的权利主体是胎儿的父母，即胎儿的父母是胎盘的共有人，因为父亲和母亲是胎儿的共同缔造者，少了任何一方都不可能产生胎盘和胎儿。甚至还有的人认为，胎盘的权利主体是胎儿，因为胎盘是随着胎儿一起脱离母体的，胎儿一出生便拥有胎盘的所有权。

对于第一种观点即认为胎盘的权利主体是父亲，笔者认为不是很正确。因为父亲的精子只是胎盘形成的必要条件，而不是充分条件，胎盘之所以得以形成不仅是因为受精卵的形成，还包括子宫为受精卵发育提供的良好条件，所以不是所有的受精卵都能成功地着床并形成胎盘，可见父亲不能算是胎盘的权利主体。如果采用胎盘的权利主体是父母此种观点，笔者也认为不是很正确。虽然胎盘的形成也要靠父亲，但主要是在母体当中产生并成型，其产生形成主要是利用了母体的生理资源，消耗的是母体的能量，并且只在母体中才能为胎儿提供服务，所以父亲的作用微乎其微，要是将父亲也列为胎盘的权利主体就会显失公平。对于胎盘的权利主体是胎儿的观点笔者也不是很赞同，在胎儿还没有成型的时候胎盘就已经形成了，而且胎儿的形成和发育主要靠的是胎盘，这个观点很容易在法律思维逻辑上造成混乱，因为按照一元物权体系论的说法，有所有人才有所有物，不可能说是所有权人还没有出生其就已经拥有了所有权权能，这也违背民事权利能力的规定，甚至更荒谬的按照此观点可以推出是所有物产生了所有人。

笔者比较赞同第二种说法，即胎盘的权利主体是母亲。胎盘只有在妇女怀孕的时候才会生成，以便给胎儿供给营养以保证胎儿的健康成长。而且，卫生部在《关于产妇分娩后胎盘处理问题的批复》中已经明确指出，产妇分娩后胎盘应当归产妇所有。

综上所述，笔者认为，只有产妇才是胎盘的权利主体，产妇对胎盘有所有权，可以行使与此有关的一切权利。产妇是胎盘的所有权人，对胎盘享有所有权，因此产妇享有对胎盘占有、使用、收益、处分等权利。但是在实践中，胎盘的占有、使用、收益、处分等权利都是由医院行使的。有时候，当事人向医院主张其对胎盘的所有权时甚至遭到了院方的拒绝。

实际上，医院的这种做法是侵权行为，它侵害了产妇对胎盘所享有的所有权、支配权，同时也侵害了产妇对胎盘流向的知情权。产妇有权利按照自己的意思占有、使用、处置胎盘。而在农村，这方面情况倒是处理得比较好，一般产妇分娩在完毕后，授权自己的亲属把胎盘拿到山上或是地里埋掉，也绝对不会交给外人处置。这正是行使胎盘所有权的体现。

四、胎盘的买卖是否违背了公序良俗

我国卫生法律专家、《中国卫生法制》副主编卓小勤先生认为公民的行为不能违反公序良俗，而买卖胎盘和将胎盘入宴给人吃的行为，显然违反了公共道德，因为买卖的是人体组织，吃的是人体组织，尽管中医将胎盘叫紫河车，可以入药，但那不是新鲜的胎盘，是经过炮制的，而入宴的胎盘是新鲜的，你去吃，就是在吃人体组织。这显然违反人的伦理道德。

笔者认为，买卖胎盘并不违背公序良俗。公序指的是公共秩序，只要国家以法律的形式规范买卖胎盘的行为，胎盘的买卖不会引起社会秩序的混乱。良俗指的是善良风俗，很多人都认为胎盘是补药，那能说买卖胎盘和吃胎盘是违反善良风俗吗？况且，炮制过的胎盘都可以买卖，难道其原生体就不能买卖吗？炮制过的胎盘叫紫河车，难道胎盘经过炮制后就不是胎盘了吗？它不过变成了熟胎盘而已。胎盘固然是孕育我们成长的人体器官，但是一旦它完成了自己的任务后就不再对我们的身体产生什么作用了，当胎盘排出母体后，传统的做法一般都是把它当手术垃圾处理掉，或者仅留下一些病变的胎盘作为样本来研究胎盘病。事实上，每一个健康的胎盘都还有很大的利用价值。把一样有用的物品不加以利用，而是将其丢掉这种行为才是违背公序良俗的。我们在利用胎盘的时候，应该遵循法律，按照法律的规定去行使我们对胎盘的所有权。

五、法律对胎盘买卖的态度

胎盘的买卖目前在法律上还是一片空白，法律既不禁止胎盘的买卖，也不明确允许胎盘像其他商品一样进入市场流通。笔者以为不应该盲目地禁止胎盘的买卖，也不应该把胎盘和其他商品等同起来。

首先，我认为胎盘可以是一种商品，可以由其权利主体行使交换的权利，但是胎盘也是一种具有药理价值的特殊商品，由于其本身的特殊性，在法律上也应该进行特殊的调整，法律可以将胎盘的性质规定为限制流通物，买卖胎盘必须要履行法律规定的程序，由法律规定的医疗机构进行收购，加工处理。

其次，除去药理上的价值，胎盘还具有保健功效，在食疗上也有一定的优越性，如果允许具有加工资质的企业对其进行加工、制作成好的产品，对于我们的健康也是有好处。有的学者也指出既然胎盘的产权归属产妇，而且胎盘确实有一定的市场价值，即可以食用或药用，也有一定的市场需求，那么，胎盘必然会进入市场流通领域进行交易，而且产妇有权决定胎盘能否发挥其商品属性，卫生部不应干涉这种产权让渡行为。不然，卫生部就应出台更多的相关法律，比如禁止胎盘被食用、被入药，否则，“胎盘需求”是成立的，被允许的；“胎盘供应”的法律又是禁止的，法律打架会导致整个社会思维的紊乱。除非产妇们都做“活雷锋”，无偿将胎盘送给餐馆和药企，而这显然有悖于常理。如果胎盘可食用和药用在现行阶段是被法律所允许的，产妇就有权进行胎盘买卖，她们可以直接将胎盘卖给餐馆和药企，或者先转让给医院，再由医院出售给餐馆和药企。卫生部应当及早解决这其中的相互抵牾之处。

因此，国家应该对健康的胎盘加以利用，而对那些带有病毒的胎盘进行统一销毁，像对血液制品一样实行统一管理。这样既可以避免资源浪费，也可防止一些传染性疾病的传播。

六、胎盘买卖的法律制度

综上所述，可以按照以下思路来构建胎盘买卖的法律制度：产妇对胎盘拥有所有权，产妇可以对胎盘行使以下权利：占有、使用、收益、处分。除符合法律规定条件的医疗机构外，产妇不得向个人、法人或者其他组织出售胎盘，产妇也可以向该医疗机构捐献胎盘。除符合法律规定条件的医疗机构外，任何个人、法人或者其他组织不得买卖胎盘。产妇可以明确授权医院为其管理或者处置胎盘。在管理和处置胎盘的过程中，医院有对胎盘将来的使用和商业价值对权利人作充分告知的义务。如果没有得到管理和处置授权时，只有在权利人完全知晓其利益情况下做出同意放弃胎盘的意思表示才能由医院处置。在买卖胎盘时，任何个人、法人或者其他组织都不得侵犯产妇、胎儿的隐私权。对于用产妇捐献的胎盘制出的成品，产妇有优先使用权。

第四篇
CHAPTER FOUR

器官捐献行为实证研究

广州市人体器官捐献补偿实证分析[①]

作为人类现代医学的人体器官移植技术已经快速发展、日趋成熟，然而人体器官供给严重不足成为制约人体器官移植技术发展的瓶颈，全球都面临着人体器官供需矛盾严重的问题，我国可供移植的人体器官短缺状况更为严峻。为解决我国人体器官资源短缺问题，在借鉴国内外理论研究成果和实践经验的基础上，结合我国国情提出人体器官捐献补偿机制的初步构想。为探讨人体器官捐献补偿机制的合法化与可行性，基于广州市文化开放程度及经济水平较高和医院医疗设施较先进与完善等特点，此次研究对广州市人体器官捐献补偿合法化进行实证调查，发现我国人体器官捐献补偿制度存在的问题，为完善我国人体器官捐献相关法律制度及促进我国人体器官移植医疗事业良性发展提供参考和依据。

① 龚波、郑嘉丽撰写，刊于《西南民族大学学报（自然科学版）》2017 年第 6 期。

一、资料与方法

（一）调查问卷

本问卷由12组22个问题组成，主要围绕受调查者对器官捐献补偿认识方面的问题展开，选择广州市居民作为调查对象，了解广州市居民对器官捐献补偿相关问题的态度从而提供相关方面的建议。

受调查者的选择和回答问题的方式采用随机、网上填写、现场填写调查问卷的方式。为了研究不同性别、不同年龄、不同职业以及不同文化程度对问题回答结果的影响，我们把这些基本信息作为问卷开始的问题。为了研究医学相关人员与法学相关人员，专业人员（此处指医学相关人员和法学相关人员）与非专业人员（指公众），学生与工作者在对待器官捐献补偿态度方面的差别，我们选择了在广州的各所学校的学生（医学生、法学生和非医学、非法学学生）、法律工作者和医护工作者以及公众进行了调查。

（二）统计学分析

数据部分用Excel整理，结果用频率、百分数、表格等表示。部分用SPSS软件进行处理，再整理成直观的图，采用卡方检验进行统计学比较，$P \leq 0.05$为差异有统计学意义。

二、器官捐献补偿相关社会问题调查结果分析

问卷调查预计调查人数为900人，最后可采纳有效问卷总计是680份，有效率达到75.56%。

（一）调查对象个人的基本信息

表1 调查对象个人的基本信息

Table 1 The Basic Information of the Individual

题目	选项	n	百分比%
性别	男	255	37.5
	女	425	62.5
年龄	20及以下	198	29.12
	21~30	401	58.97
	31~40	50	7.35
	41~50	23	3.38
	51及以上	8	1.18
文化程度	小学	2	0.29
	初中	19	2.79
	高中	37	5.44
	专科	154	22.65
	本科	388	57.06
	硕士及以上	80	11.76
职业	医学生	137	20.15
	法学生	36	5.29
	非医学、非法学学生	105	15.44
	医护工作者	44	6.47
	法律工作者	22	3.24
	其他	336	49.41

结果分析：受调查者中男性与女性之比约是1∶1.67，年龄中位数为23.66岁。问卷调查分为网络问卷调查和实地调查，填写网络问卷的人群主要是在广州的各所学校学生（此处指医学生、法学生和非医学、非法学学生）、法律工作者和医护工作者。其中学生共278位，占问卷调查总人数的40.88%，法律工作者共22位，占3.24%，医护工作者共44位，占6.47%。而实地调查问卷发放的人群主要是公众，共336位公众接受调查调查，占49.41%，场所主要在繁华商业区、旅游景点、普通街道等。

从调查对象个人基本信息的调查结果可以看出：男性与女性之比例基本持平，其中女性比例较高。网络问卷调查和实地调查有效问卷之比约是1∶0.98，比例基本一致，其中填写网络问卷的人群主要是在广州的各所学校学生（此处指医学生、法学生和非医学、非法学学生）、法律工作者和医护工作者，而实地调查问卷发放的人群主要是普通公众。年龄中位数为23.66岁。

（二）现阶段我国医院器官移植的多样性来源渠道

（本调查结果如图1所示）

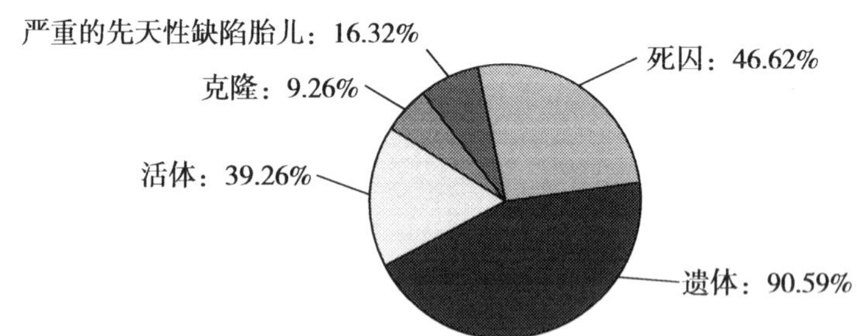

图1 对现阶段我国医院器官移植的多样性来源渠道的认知

Fig 1 On the Source of Diversity of organ Donation in Current Domestic Hospital

结果分析：对于现阶段我国器官移植主要来源的知晓程度：超过九成的受访者选择“遗体”，占 90.59%（616/680）。接近 40% 的受访者选择“活体”，选择“严重的先天性缺陷胎儿”者为 16.32%（111/680），选择“克隆”者最少，仅占 9.26%（63/680）。有相当一部人选择“死囚”，占 46.62%（317/680）。

从现阶段医院器官移植的多样性来源渠道（多选题）调查结果可以看出：90.59% 的受访者选择接受“遗体”的器官捐献这一来源渠道，说明绝大多数人，无论是法学或医学专业人员还是普通大众，在其心理上都更为接受“遗体”的器官捐献方式。而其中 46.62% 的受访者选择“死囚”是由于我国原卫生部副部长黄洁夫于 2005 年 7 月召开的世界肝脏移植大会上第一次公开承认：目前，在中国进行器官移植的器官来源中，有 65% 的器官来源于死刑犯提供者。[①] 但自从我国于 2015 年 1 月 1 日明确规定禁止从死刑犯遗体上获取器官，“死囚”这一器官来源渠道已经被堵死了。

① 罗文铎：“死刑犯器官捐献问题研究”，湘潭大学 2012 年硕士学位论文。

（三）对目前国内器官捐献的法规、用途及相关流程的了解程度[①][②]

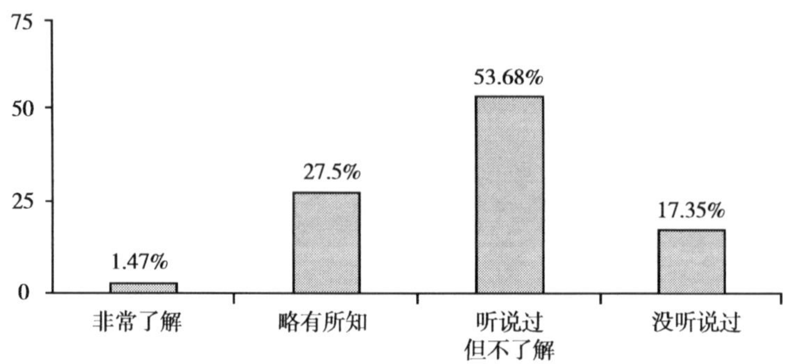

图 2　对目前国内器官捐献的法规、用途及相关流程了解程度

Fig 2　On the Level of Understanding of the Laws and Regulations, the Use and the Related Process of Current domestic Organ Donation

结果分析：对于目前国内器官捐献相关事项的知晓程度：27.5%（187/680）的受访者选择“略有所知”，仅有 1.47%（10/680）的受访者选择“非常了解”，选择“不了解”者占多数，其中选择“听说过但不了解”者占 53.68%（365/680），选择“没听说过”者占 17.35%（118/680）。

从对目前国内器官捐献的法规、用途及相关流程了解程度调查结果可以看出：选择“听说过但不了解”的受访者占 53.68%，比例最高，可以看出受访者都听过并愿意对国内器官捐献的法规、用途及相关流程

---

① 曾春燕、朱奕孜：“关于大学生器官捐献认知状况及影响因素的调查研究——以温州茶山高教园区为例”，载《中国医学伦理学》2014 年第 6 期。

② 刘红、张媛：“临床医师对于潜在器官捐献的 KAP 调查分析”，载《医学与哲学》2013 年第 9 期。

有更多的了解，而我国对于器官捐献法规、用途及相关流程宣传的途径、渠道、方式方法和力度还需要进一步完善和提高。

（四）了解器官捐献相关知识的途径①②

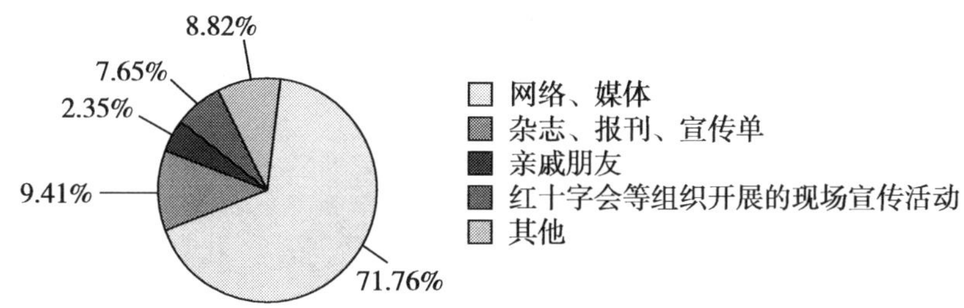

图 3 关于了解器官捐献相关知识的途径

Fig 3 Approaches to Understand the Relevant knowledge of Organ Donation

结果分析：对于器官捐献相关知识的了解途径的调查：大部分的受访者选择“网络、媒体”，占 71.76%（488/680）。剩下的受访者选择“杂志、报刊、宣传单”“其他”“红十字会等组织开展的现场宣传活动”“亲戚朋友”，各自占的比例分别是 9.41%（64/680）、8.82%（60/680）、7.65%（52/680）、2.35%（16/680）。

从了解器官捐献相关知识的途径调查结果可以看出：各个年龄阶段的受访者中了解器官捐献的主要途径是网络、媒体，这跟此次调查受访者年龄中位数为 23.66 岁、年龄年轻化相关。同时，与网络、微信、QQ 等现代多媒体的快速发展有一定联系。此外，较多 41 岁以上的受访者选择通过杂志、报刊、宣传单途径了解器官捐献，反映出对 41 岁以上的人群可以考虑选择杂志、报刊、宣传单的途径来宣传器官捐献的相

① 叶子云：“我国器官捐献法律问题研究”，广州医科大学 2014 年硕士学位论文。

② 谢文照：“湖南省心脏死亡器官捐献现状与对策研究”，中南大学 2013 年博士学位论文。

关知识。然而，在此次调查中，与人体器官捐献最密切相关的红十字会等组织，受访者从“红十字会等组织开展的现场宣传活动”了解器官捐献相关知识的比例仅为7.65%，占非常少的比例，说明红十字会等组织应加大对人体器官捐献相关知识的宣传，可以通过“杂志、报刊、宣传单”等方式，更重要的是结合网络、微信、QQ等现代多媒体方式加大对人体器官捐献相关知识的宣传推广，真正使人们对国内器官捐献法规、用途及相关流程进一步了解和接受。

（五）是否愿意捐献自己器官及如果愿意捐献器官的主要原因①②

本调查关于捐献自己器官意愿结果如图4所示，愿意捐献器官主要原因如图5所示。

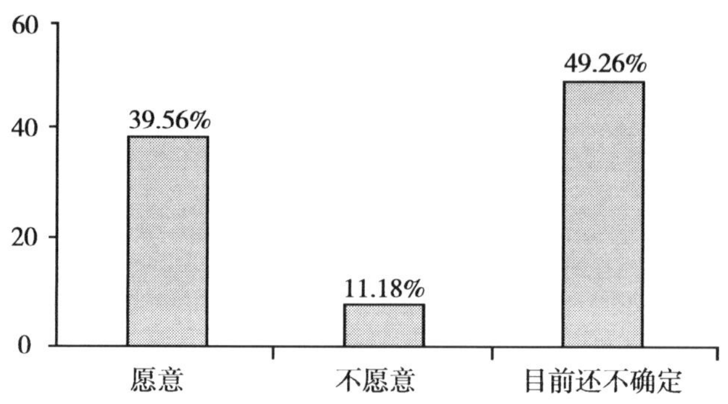

图4　捐献自己器官意愿调查

Fig 4　Investigation on Willingness to Donate Organs

---

① 郭振霞、魏素文、张彩云：“非医学人员器官捐献意愿调查及原因分析”，载《中华现代护理杂志》2014年第13期。

② 杜换涛：“论人体器官捐献中人道救助机制之构建”，载《新西部》（理论版）2014年第5期。

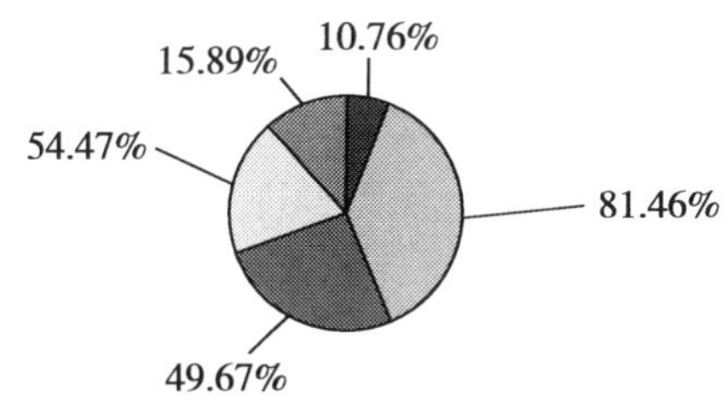

图 5　愿意捐献器官主要原因调查

Fig 5　Investigations about the Main Reason of Organ Donation

结果分析：对于将来是否愿意捐献自己的器官的调查：39.56%（269/680）受访者表示“愿意”，11.18%（76/680）受访者表示“不愿意”，有 49.26%（335/680）受访者表示目前还不确定。对于愿意捐献器官（多选题）的理由：大部分愿意捐献器官的人认为捐献器官在挽救他人生命的同时能让自己的生命得到延续，比例为 81.46%（492/680），有相当部分受访者认为可以体现自己的生命价值，比例是 54.47%（329/680），选择“为医疗事业发展做出贡献”的受访者也不在少数，占 49.67%（300/680）。另外，15.89%（96/680）受访者选择“可以得到补偿，利人不害己”，10.76%（65/680）受访者选择“其他”。

从是否愿意捐献自己器官及如果愿意捐献器官的主要原因（多选题）调查结果可以看出：39.56%受访者表示“愿意”捐献自己器官，此外有 49.26%受访者表示目前还不确定的有可能捐献的潜在的受访者。在捐献自己器官主要原因选择中，绝大多数的受访者选择了“挽救他人生命的同时能让自己的生命得到延续”“体现自己的生命价值”以及“为医疗事业发展做出贡献”等精神上的鼓励与追求，但同时也有部分受访者表示："在利人不害己的情况下，也希望可以得到补偿"，在物质上也同样能得到社会的支持和奖励。

（六）不愿意捐献器官的理由

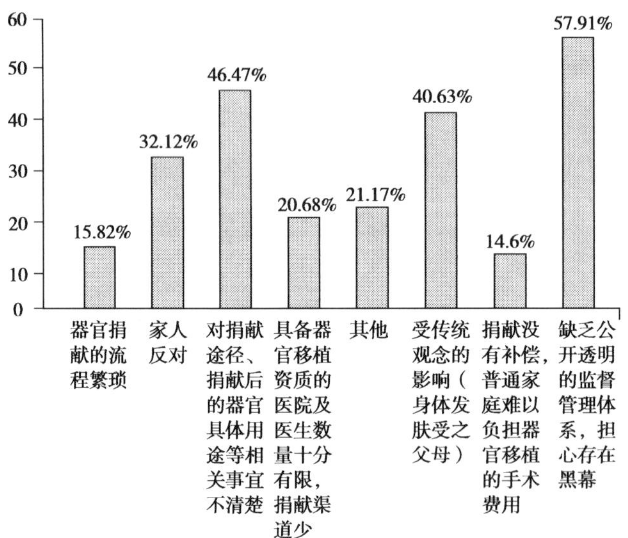

图6　不愿意捐献器官的理由

Fig 6　Reasons for not Willing to Donate Organs

结果分析：对于不愿意捐献器官的原因：57.91%（238/680）受访者认为缺乏公开透明的监督管理体系，担心存在黑幕；46.47%（191/680）受访者表示不清楚捐献途径、捐献后的器官具体用途等相关事项；而40.63%（167/680）受访者仍然受传统观念的影响，认为身体发肤受之父母；部分受访者是因为家人反对，占32.12%（132/680）；选择"具备器官移植资质的医院及医生数量十分有限，捐献渠道少"和选择"其他"选项的人数差不多，各约占20%，只有15.82%（65/680）受访者选择"器官捐献的流程繁琐"，14.6%（60/680）受访者选择"捐献没有补偿，普通家庭难以负担器官移植的手术费用"。

从不愿意捐献器官的理由（多选题）调查结果可以看出：除了“受传统观念的影响（认为身体发肤受之父母）”以及“家人反对”原因之外，绝大多数受访者选择不愿意捐献器官是由于“器官捐献缺乏公开透明的监督管理体系，担心存在黑幕”[①]“对捐献途径、捐献后的器官具体用途等相关事宜不清楚”“具备器官移植资质的医院及医生数量十分有限，捐献渠道少”以及“器官捐献的流程繁琐”等人体器官捐献渠道、监督管理等体制相关问题的原因，体现了我国人体器官捐献宣传力度的加大以及器官捐献监督管理体制方面进一步完善的迫切性需求。

（七）认为器官捐献应该有一定补偿以及器官捐献无偿的态度调查[②]

关于认为器官捐献应该有一定补偿的调查结果如图 7 所示，对器官捐献无偿态度的调查结果如图 8 所示。

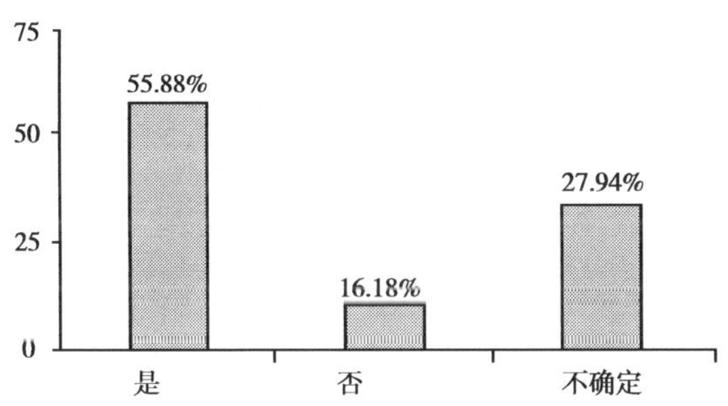

图 7 器官捐献应该有一定补偿态度调查

Fig 7 Investigation about the Attitude to Organ Donation Compensation

---

① 范非菲：“我国人体器官捐献供体稀缺非技术原因分析与对策研究”，成都中医药大学 2013 年硕士学位论文。

② 胡冬梅、黄海：“医学生对器官捐献合理补偿态度的调查研究”，载《中华器官移植杂志》2015 年第 3 期。

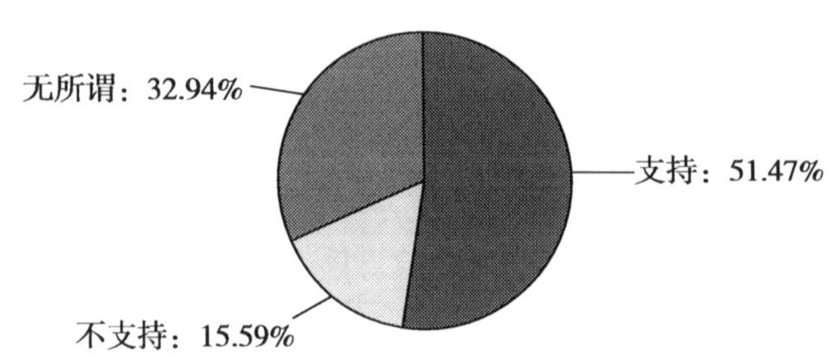

图 8　器官捐献无偿态度调查

Fig 8　Investigation about the Attitude to Organ Donation without Payment

结果分析：关于器官捐献是否应该有一定补偿的看法：55.88%（380/680）受访者认为器官捐献应该有补偿，约16%（110/680）认为不应该，剩下的27.94%（190/680）不确定。

有关器官捐献无偿态度调查：从前面的结论可以知道，超过一半受访者认为器官捐献应该有补偿，但是仍然有51.47%（350/680）受访者支持无偿捐献器官，仅有15.59%（106/680）不支持，32.94%（224/680）表示无所谓。

从认为器官捐献应该有一定补偿以及对器官捐献无偿的态度调查结果可以看出：两种观点所占比例基本相同，各占一半。

（八）认为器官捐献补偿是否会玷污器官捐献者以及认为实施器官捐献补偿能否提高器官捐献率[①]态度调查

关于认为器官捐献补偿是否会玷污器官捐献者的调查结果如图9所示，认为实施器官捐献补偿能否提高器官捐献率的调查结果如图10

① 胡冬梅："医务工作者、医学生及民众对器官捐献的认知、态度及意愿的调查研究"，南方医科大学2015年博士学位论文。

所示。

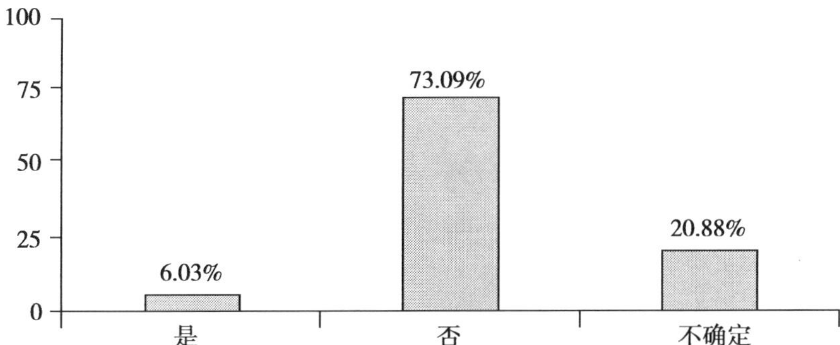

图 9 认为器官捐献补偿是否会玷污器官捐献者调查

Fig 9 Investigation on the View that Organ Donation Compensation will Smear Organ Donors

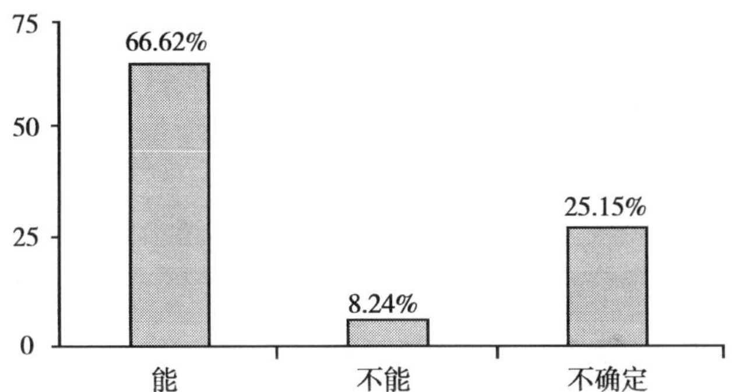

图 10 认为实施器官捐献补偿能否提高器官捐献率态度调查

Fig 10 Investigation on the Attitude that the Implementation of Organ Donation Compensation Could Improve Organ Donation Rate

结果分析：关于器官捐献补偿是否会玷污器官捐献者的看法：超过73%（497/680）的受访者认为器官捐献补偿不会玷污器官捐献者，只有6.03%（41/680）受访者认为补偿会玷污器官捐献者，少数选择“不确定”，占20.88%（142/680）。关于实施器官捐献补偿能否提高器官捐献率的看法：66.62%（453/680）受访者认为器官捐献补偿能提高捐献率，仅 8. 24% （56/680）受访者认为不能，剩下的 25. 15% （171/680）受访者选择“不确定”。

从认为器官捐献补偿是否会玷污器官捐献者以及认为实施器官捐献补偿能否提高器官捐献率调查结果可以看出：大多数的受访者认为器官捐献补偿不但不会玷污器官捐献者，而且还认为器官捐献补偿能提高器官捐献率，能更好地解决器官短缺问题，促进我国人体器官移植事业的发展。

（九）关于认为器官捐献者应该得到补偿的原因

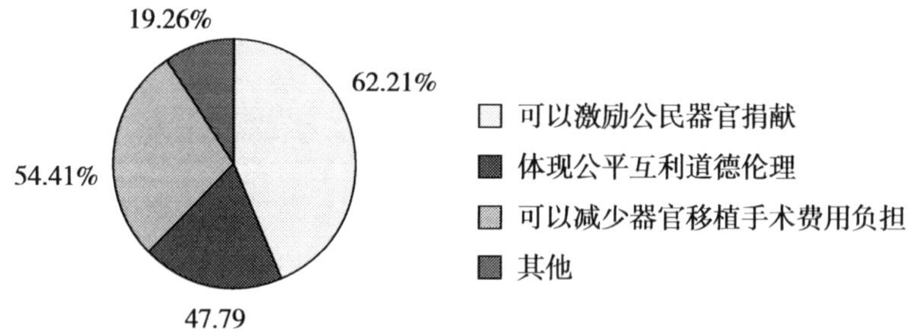

图 11　关于认为器官捐献者应该得到补偿的原因

Fig 11　The Reason why Organ Donors should be Compensated

结果分析：对于器官捐献者应该给予补偿的理由：大多数受访者认为捐献补偿机制可以激励公民器官捐献，比例达到 62. 21%（423/680）。不少受访者选择“可以减少器官移植手术费用负担”，比例是 54. 41% （370/680）。另有 47. 79% （325/680）受访者认为补偿可以体现公平互利道德伦理，剩余约 19% （131/680）受访者选择“其他”。

从认为器官捐献应该得到补偿的原因（多选题）调查结果可以看出：大多数受访者从“可以激励公民器官捐献”和“可以减少器官移植手术费用负担”等物质经济基础方面以及“体现公平互利道德伦理”等权利

保障精神方面明确肯定了器官捐献应该得到补偿的正当性和合理性。

三、器官捐献补偿相关法律问题调查结果分析

（一）认为器官捐献补偿立法必要性以及在我国器官捐献补偿制度立法可能性

关于认为器官捐献补偿立法必要性的调查结果如图 12 所示，器官捐献补偿制度在我国立法可能性的调查结果如图 13 所示。

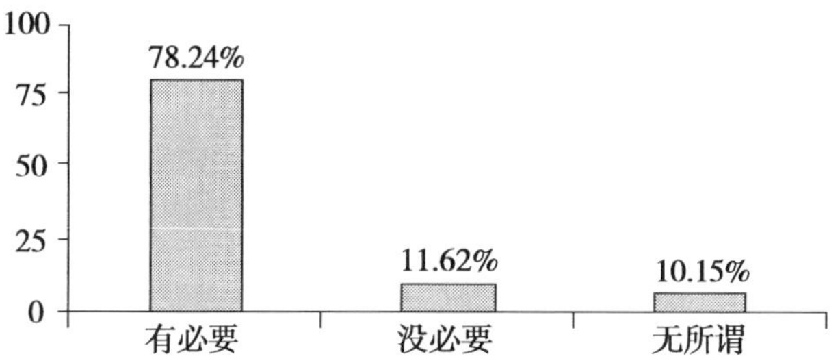

图 12　器官补偿立法必要性调查

Fig 12　Investigation on the Necessity of Organ Compensation Legislation

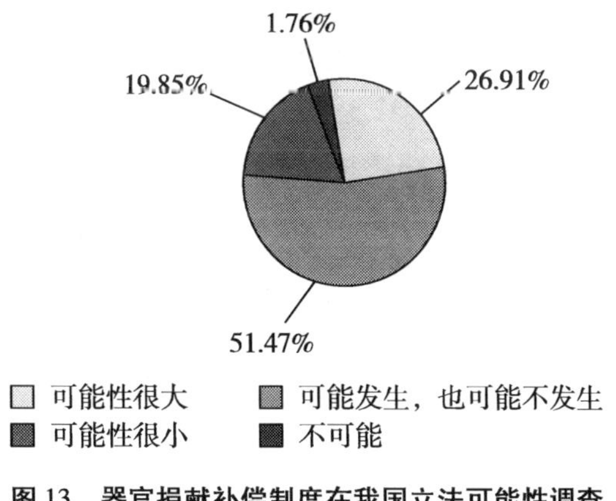

图 13　器官捐献补偿制度在我国立法可能性调查

Fig 13 Investigation on the Possibility of Legislation of Organ Donation Compensation in our Country

结果分析：关于器官捐献补偿是否有必要立法的看法：将近 80%（532/680）受访者认为补偿有必要立法，仅约 11%（79/680）受访者认为没必要。对于器官捐献补偿制度在我国立法的可能性大小问题：认为可能发生也可能不发生的受访者超过一半，占 51.47%（350/680）；认为立法可能性很小甚至不可能的受访者约占 20%；只有 26.91%（183/680）选择“可能性很大”选项。

从认为器官捐献补偿立法必要性以及在我国器官捐献补偿制度立法可能性的调查结果可以看出：认为有必要立法的受访者并不全都认为器官捐献补偿制度在我国立法的可能性很大。

（二）对国外器官捐献不同政策的选择

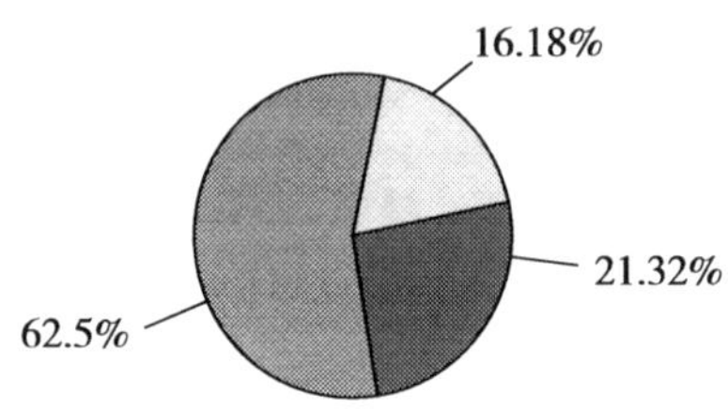

□ 伊朗实行器官有偿捐献制度。对于有偿器官捐献者，伊朗政府给予大约1200美元补偿和一定限额的健康保险（通常为一年）。

■ 法国器官捐献须遵守“匿名、无偿、自愿”的原则，器官捐献是一种无偿行为，任何形式的补偿和买卖都会受到《生物伦理法》的严厉处罚。

■ 新加坡允许向提供器官捐献的人提供经济补偿，同时将确保这些活体器官捐献不涉及器官买卖或不道德交易。

图 14 对国外器官捐献不同政策的选择

Fig 14 Selections of Organ Donation Policies of Foreign Country

结果分析：对于更赞同国外哪个国家的器官捐献政策的调查：超过

62%（425/680）受访者表示更赞同新加坡国家的器官捐献补偿制度，另外，21.32%（145/680）比较认同法国的无偿捐献器官制度，16.18%（110/680）赞同伊朗国家的有偿捐献器官制度。

从对国外器官捐献不同政策的选择调查结果可以看出：在我国，大多数人更倾向于不涉及器官买卖或不道德交易的新加坡国家器官捐献经济补偿制度，[①] 而对伊朗国家有偿捐献器官制度的“有偿”不赞同。也有21.32%的受访者认同法国的无偿捐献器官制度，赞同无偿捐献器官。

（三）关于愿意接受的补偿方式[②③]

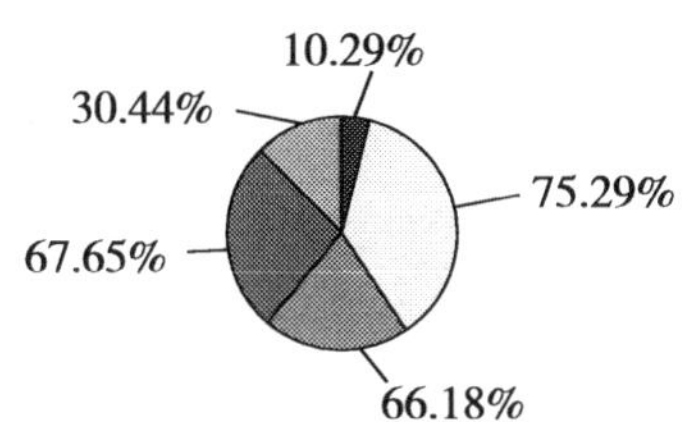

图15 关于愿意接受的补偿方式

Fig 15 Compensation for Willingness to Accept

结果分析：关于愿意接受的补偿方式：在全部受访者中，选择“补

① 郑恒：“国外器官捐献的经济激励、市场制度及改革启示”，载《南方经济》2016年第4期。

② 黄焱、董圆圆：“借鉴国际器官捐献经验探索我国器官捐献模式”，载《中国市场》2011年第9期。

③ 杜换涛：“论人体器官捐献中人道救助机制之构建”，载《新西部》2014年第5期。

偿医疗保险及相关费用（治疗费、手术费、交通费、食宿费等）”方式的最多，约占75%（512/680）；其次是选择“捐献者及其近亲属可以匹配器官”，约占66%（460/680）；接着是选择“捐献者及其近亲属符合生活困难标准，有权申领救助金”，约占68%（450/680）；然后是选择“提供捐献者子女就学的相关便利”，约占30%（207/680）；最后是选择“其他”，约占10%（70/680）。

从受访者愿意接受的补偿方式（多选题）调查结果可以看出：在器官捐献补偿方式中，受访者更倾向于接受“补偿医疗保险及相关费用（治疗费、手术费、交通费、食宿费等）”和“捐献者及其近亲属符合生活困难标准，有权申领救助金”这两种物质经济方面的补偿方式以及“捐献者及其近亲属可以匹配器官”和“提供捐献者子女就学的相关便利”这些给捐献者近亲属提供便利的补助方式。

（四）认为器官捐献补偿法律制度内容

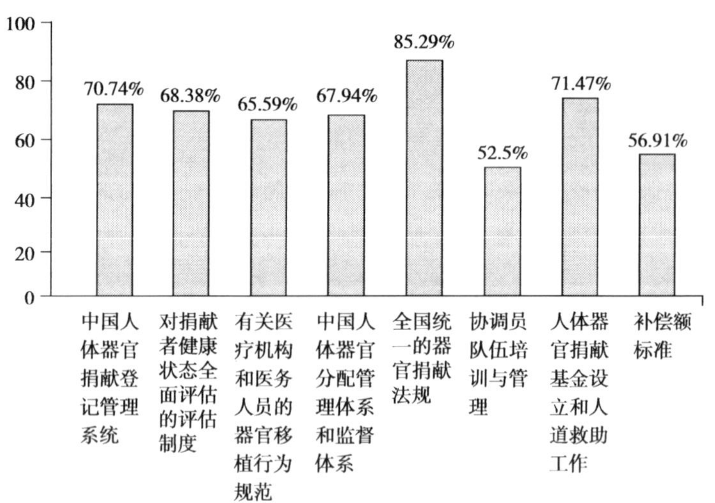

图16　认为器官捐献补偿法律制度内容

Fig 16 Think of the Legal System Content of Organ Donation Compensation

结果分析：关于器官捐献补偿法律制度包含的内容的看法：85.29%（580/680）受访者选择“全国统一的器官捐献法规”，71.47%（486/680）受访者选择“人体器官捐献基金设立和人道救助工作”，约71%（481/680）受访者选择“中国人体器官捐献登记管理系统”，约68%（465/680）受访者选择“对捐献者健康状态全面评估的评估制度”，约68%（462/680）受访者选择“中国人体器官分配管理体系和监督体系”，约66%（446/680）受访者选择“有关医疗机构和医务人员的器官移植行为规范”，而选择“补偿额标准”者占57%（387/680）左右，最后是选择“协调员队伍培训与管理”，约占53%（357/680）。

从器官捐献补偿法律制度内容（多选题）调查结果可以看出：绝大多数受访者选择“全国统一的器官捐献法规”，反映了大众对国家器官捐献立法的重视与迫切心理，此外，受访者对具体的器官捐献体制与制度也同样体现出关心与重视。对器官捐献“补偿额标准”进行选择的受访者约占57%，也反映了部分大众对国家器官捐献“补偿额标准”的重视。

四、结论

（一）人体器官捐献补偿制度建立具有合理性及可行性①②③

通过对广州市居民人体器官捐献补偿相关社会及法律问题的调查分析：①此次实证调查分网络问卷调查和实地调查，不论受访者是与人体器官捐献相关的专业人群（此处指医学、法学）还是普通公众，年龄中位数为23.66岁，体现了对于人体器官移植与人体器官捐献这一相对现代新生事物感兴趣程度的年轻化特点。②可以看出大多数受访者在其心理接受上都选择“遗体”的器官捐献方式，赞同人体器官捐献补偿机制，认为在没有大幅度改变现有分配制度的基础上，增加器官供应的最佳方式是器官捐赠者补偿制度的合法化，缓解和解决器官短缺所需的唯一改变是对捐赠者进行补偿，肯定了其对提高人体器官捐献率的重要性，认为器官捐献补偿不但不会玷污器官捐献者，而且能提高器官捐献率，能更好地解决器官短缺问题，促进我国人体器官移植事业的发展。③大多数受访者从“可以物质上激励公民器官捐献”和“可以减少器官移植手术费用负担”等物质经济基础方面以及“体现公平互利道德伦理”等权利保障精神方面明确肯定了器官捐献者得到补偿的正当性和

---

① Arthur J. Matas, “A Gift of Life Deserves Compensation: How to Increase Living Kidney Donation with Realistic Incentives”. *Policy Analysis*, 2007, 11 (604), pp. 3, 4 ~ 7.

② A. Farrugia, J. Penrod, M. Bult. Payment, “Compensation and Replacement: The Ethics And Motivation of Blood And Plasma Donation”. *Vox Sanguinis*, 2010, 3 (99), pp. 202 ~ 211.

③ Ghods AJ, “Govemed financial incentives as an alternative to altruistic organ donation”. *Exp Clin Transplant*, 2004, 2 (2), pp. 221 ~ 228.

合理性。无论经济、文化或制度上的差异，对捐赠者给予补偿导致自愿捐献率下降，这跟补偿捐献背后的伦理问题有关，但补偿本身不存在过错，禁止补偿可以简单地减轻潜在的伦理问题的可见性，同时也会产生不公平问题。现代社会学理论提倡捐赠者和受捐者均获得恩惠，即互惠主义，而不是单方向的利他主义。传统的伦理共识认为对活体或遗体器官捐赠者不应有货币的支付。而事实证明，利他主义主导下的器官供应远远不够，每年有数千人由于没有可移植的器官而死亡，这也说明了器官捐赠的利他主义体系遇到挑战。因此有必要为器官来源提供经济激励或社会效益以增加活体或遗体器官捐赠的数量。4. 受访者认为应该以立法的形式来规范人体器官捐献补偿制度及制定相关法律法规。综上所述，此次调查结果表明建立人体器官捐献补偿制度具有合理性及可行性。

（二）我国人体器官捐献补偿制度存在的问题及完善建议

此次调查结果同时也反映出我国人体器官移植和人体器官捐献体制都不够完善，例如：缺乏公开透明的监督管理体系，对人体器官捐献法规、用途及相关流程途径、渠道、方式方法和力度等相关事项宣传的不到位等。

因此，为了保障我国人体器官移植及人体器官捐献制度的健康发展，制定全国统一、国家层面的《人体器官捐献法》迫在眉睫，具体内容包括：第一是人体器官捐献基金的设立和人道救助工作的开展；第二是制定有关医疗机构和医务人员的人体器官移植行为规范；第三是进行人体器官捐献协调员队伍培训与管理；第四是制定人体器官捐献补偿额标准；第五是制定人体器官捐献登记管理系统；第六是制定人体器官捐献者健康状态全面评估的评估制度；第七是制定人体器官分配管理体系和监督体系。

在人体器官捐献补偿范围建议中，可以从“物质上激励公民器官捐献”“减少器官移植手术费用负担”“支付活体器官捐赠者继续医疗休假期间（住院后30天）的工资”及“针对活体器官捐赠者一些潜在残疾（或死亡）的保险”[①] 等方面进行物质经济补偿。此外，政府、社会以及红十字会等具体组织应加大对人体器官捐献相关知识的宣传，可以通过“杂志、报刊、宣传单”等方式，更重要的是结合网络、微信、QQ 等现代多媒体方式加大对人体器官捐献相关知识的宣传推广，真正使人们对国内器官捐献法规、用途及相关流程进一步了解和接受，使人们改变其传统观念、提高人们的认知程度、在“不涉及器官买卖或不道德交易的国家器官捐献经济补偿制度”下积极踊跃捐献其遗体或活体器官以缓解人体器官短缺问题，促进我国人体器官移植医疗事业良性发展。

---

① Jeffrey P. Kahn, Francis L. Delmonico, “The Consequences of Public Policy to Buy and Sell Organs for Transplantation”, *American Journal of Transplantation*, 2004, 2 (4), pp. 178 ~ 180.

人体器官捐献补偿合法化状况研究[①]

——以广州市实证调查为例

经过人类的努力，人体器官移植技术已经走向成熟，然而器官供给严重不足成为制约人体器官移植事业发展的瓶颈。全球范围内，普遍面临器官供需矛盾突出问题，我国可移植器官短缺情况更是严峻，并且存在人体器官捐献体制不完善，相关法律法规匮乏、公民器官捐献率低等问题。为解决器官资源短缺问题，在借鉴国内外理论研究成果和实践经验的基础上，结合我国国情提出人体器官捐献补偿机制构想。人体器官捐献补偿机制是对人体器官捐献行为的认可和鼓励，在不违背法律和社会伦理道德的前提下，国家或者非营利组织给予人体器官捐献者一定补偿，既刺激了公民捐献其身上人体器官以缓解人体器官供需矛盾，又体现了互助、公正的伦理原则。

此外，由于人体器官长时间供不应求，黑市买卖人体器官行为猖獗，而人体器官捐献补偿机制的建立可以规范我国人体器官移植工作从而达到有效地遏制人体器官非法买卖。为探讨人体器官捐献补偿机制的建立与可行性，并基于广州地区文化开放程度、经济水平较高和医疗设施较完善的优势，笔者选择在广州市展开问卷调查。此次调查的核心是了解广州市居民对人体器官捐献的认知程度和对人体器官捐献补偿机制

① 龚波、郑嘉丽等撰写，刊于《广州城市职业学院学报》2017 年第 4 期。

的接受程度以及影响人们捐献其器官意愿的因素，笔者希望通过调查分析，为相关部门提供更新、更有针对性的参考数据以促进我国器官移植事业发展。

一、资料与方法

（一）调查对象

2016 年以广州市居民作为调查对象，分别在广州市的天河区、越秀区、番禺区和海珠区随机选取受访者，填写调查问卷。为了研究学生与工作者，医学相关人员与法学相关人员，专业人员（此处指医学相关人员和法学相关人员）与非专业人员（指公众）在对待人体器官捐献补偿态度方面的差别，我们选择了在广州的各所学校学生（医学生、法学生和非医学法学学生）、法律工作者和医护工作者以及公众进行了调查，问卷调查预计调查人数为 900 人。

（二）调查方法

本问卷由 12 组 22 个问题组成，主要围绕受访者对器官捐献补偿认识方面的问题展开，了解广州市居民对器官捐献补偿相关问题的态度从而提供相关方面的建议。受访者的选择和回答问题的方式采用随机、网上填写、现场填写调查问卷的方式。

（三）统计学分析

数据部分用 Excel 整理，结果用频率、百分数、图表等表示。部分用 SPSS 软件进行处理，再整理成直观的图，采用卡方检验进行统计学比较，$P \leqslant 0.05$ 为差异有统计学意义。

二、结果

在 900 份问卷调查中，最后可采纳有效问卷总计是 680 份。

（一）调查对象个人的基本信息

本书调查对象个人的基本信息如图 1—图 4 所示。

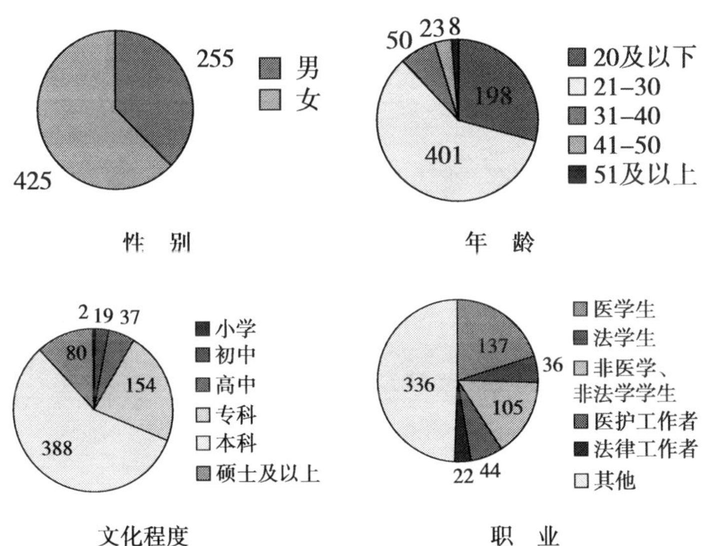

图 1、2、3、4 调查对象个人的基本信息

Fig 1/2/3/4 The Basic Information of the Individual

通过对受访者个人基本信息的调查结果分析显示：受访者年龄中位数为23.66岁，男性与女性之比约是1∶1.67，文化程度为本科及本科学历以上共468位，占68.82%，职业分别为医学生、法学生、非医学法学学生、法律工作者、医护工作者和普通公众。

参加填写网络问卷的人群主要是法律工作者、医护工作者和在广州的各所学校学生（此处指医学生、法学生和非医学法学学生），其中学生共278位，占问卷调查总人数的40.88%，法律工作者共22位，占3.24%，医护工作者共44位，占6.47%。而参加实地调查问卷的人群主要是在繁华商业区、旅游景点、普通街道等的普通公众，共336位，占49.41%。

（二）关于对目前国内人体器官捐献了解途径及程度的交叉分析

1. 关于对目前国内人体器官捐献的法规、用途及相关流程了解程度

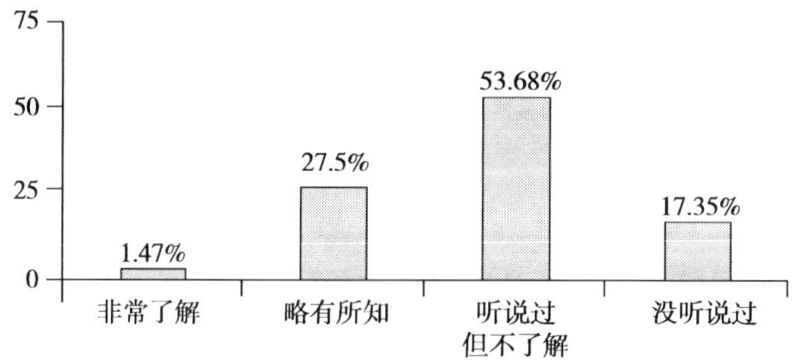

图5　关于对目前国内人体器官捐献的法规、用途及相关流程了解程度

Fig 5　On the Level of Understanding of the Laws and Regulations, the Use and the Related Process of Current Human Organ Donation at Home

2. 关于现阶段医院人体器官捐献的多样性来源渠道

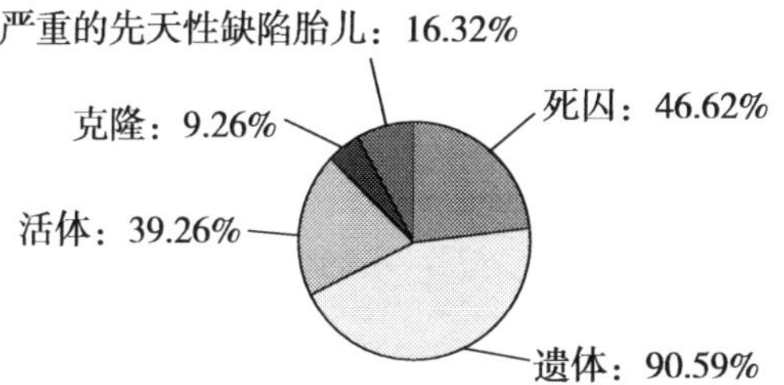

图 6　关于现阶段医院人体器官捐献的多样性来源渠道

Fig 6　On the Source of Diversity of Human organ Donation in Current Hospital

3. 关于了解人体器官捐献相关知识的途径

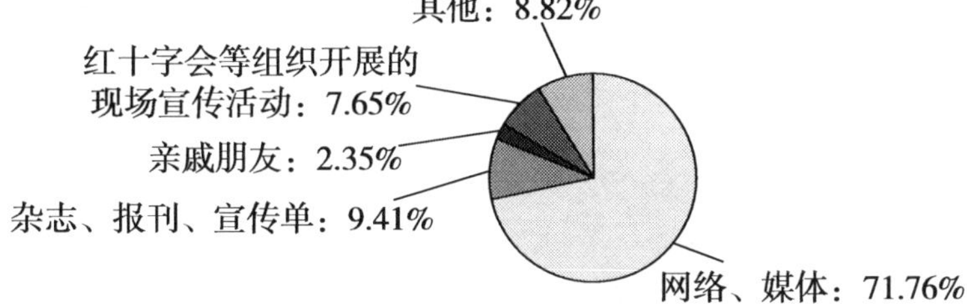

图 7　关于了解人体器官捐献相关知识的途径

Fig 7　Approaches to Understand the Relevant knowledge of Human Organ Donation

通过对目前国内人体器官捐献了解途径及程度的调查结果交叉分析显示：仅有 1.47%（10/680）的受访者选择“非常了解”。选择“不知道不了解”者占多数，其中选择“听说过但不了解”者占 53.68%（365/680），说明大部分受访者对目前国内人体器官捐献的法规、用途及相关流程不了解；[①] 在现阶段医院人体器官捐献的多样性来源渠道了解问题上，90.59%（616/680）的受访者选择“遗体”，说明大部分受访者

① 曾春燕、朱奕孜：“关于大学生器官捐献认知状况及影响因素的调查研究——以温州茶山高教园区为例”，载《中国医学伦理学》2014 年第 27 卷第 6 期。

知晓遗体捐献。然而有相当一部分受访者选择“死囚”——比例高达46.62%（317/680），说明将近一半受访者不知道从2015年1月1日起，我国已经全面禁止从死囚身上获取器官；在了解人体器官捐献相关知识途径方面，71.76%（488/680）的受访者选择“网络、媒体”，这个调查结果反馈给我们的信息就是今后可通过国内网络媒体多宣传人体器官捐献相关知识和相关政策，然而，我们也可以看到与人体器官捐献最密切相关的红十字会等组织，受访者从“红十字会等组织开展的现场宣传活动”了解人体器官捐献相关知识的比例仅为7.65%，占非常小的比例，说明红十字会等组织应加大对人体器官捐献相关知识的宣传，可以通过“杂志、报刊、宣传单”等方式，更重要的是结合网络、微信、QQ等现代多媒体方式加大对人体器官捐献相关知识的宣传推广，真正使人们对国内人体器官捐献法规、用途及相关流程进一步了解和接受。

（三）关于对目前国内人体器官捐献意愿及影响意愿因素的交叉分析

1. 关于捐献自己器官意愿调查

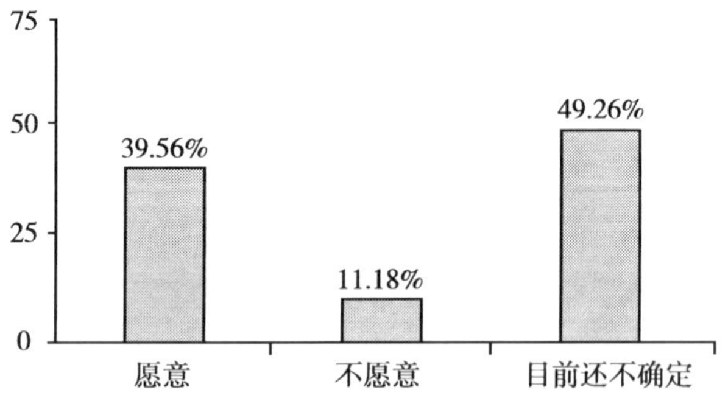

图8　关于捐献自己器官意愿调查

Fig 8　Investigation on Willingness to Donate One's Own Organs

2. 关于不愿意捐献器官的主要原因

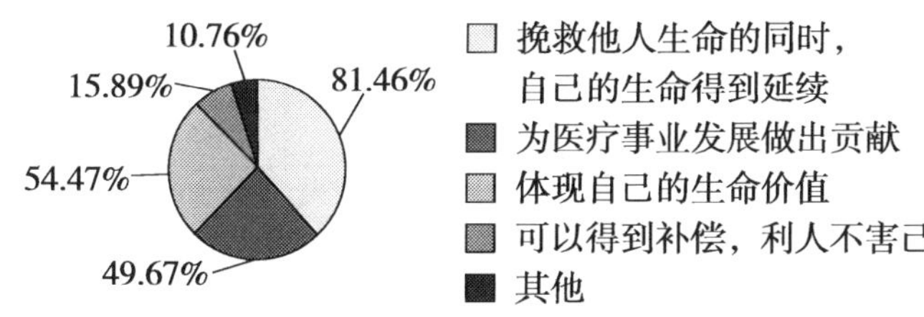

图 9 关于不愿意捐献器官的主要原因

Fig 9 The Main Reasons for Willingness to Donate Organs

3. 关于不愿意捐献器官的理由

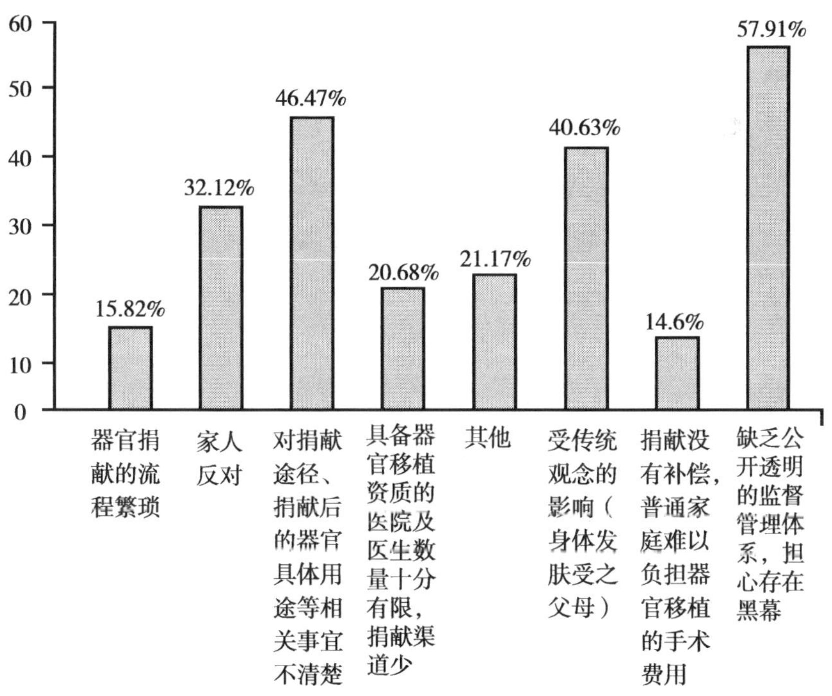

图 10 关于不愿意捐献器官的理由

Fig 10 Reasons for not Willing to Donate Organs

通过对目前国内人体器官捐献意愿及影响意愿因素的调查结果交叉分析显示：有 39. 56% （269/680）的受访者表示“愿意”捐献其器官。

对于愿意捐献器官的理由，有 81.46%（492/680）受访者认为捐献人体器官在挽救他人生命的同时能让自己的生命得到延续，也有 15.89%（96/680）受访者选择“可以得到补偿，利人不害己”，说明大部分受访者是出于救人目的而捐献其器官；同时有 11.18%（76/680）的受访者明确表示“不愿意”捐献其器官。对于不愿意捐献器官的原因，选择“缺乏公开透明的监督管理体系，担心存在黑幕”占多数，比例是 57.91%（238/680），说明除了因“受传统观念的影响，认为身体发肤受之父母”以及“家人反对”原因之外，绝大多数受访者选择不愿意捐献器官是由于“人体器官捐献缺乏公开透明的监督管理体系，担心存在黑幕”对现阶段我国人体器官移植体制不信任、[①]“不清楚捐献途径、捐献后的器官具体用途等相关事项”“具备人体器官移植资质医院、捐献渠道少”以及“人体器官捐献的流程繁琐”等人体器官捐献渠道、监督管理等体制相关问题的原因，反映出我国现行人体器官移植体制亟待完善。

① 范非非：“我国人体器官捐献供体稀缺非技术原因分析与对策研究”，成都中医药大学 2013 年硕士学位论文。

（四）关于对目前国内人体器官捐献补偿的交叉分析

1. 人体器官捐献无偿态度调查

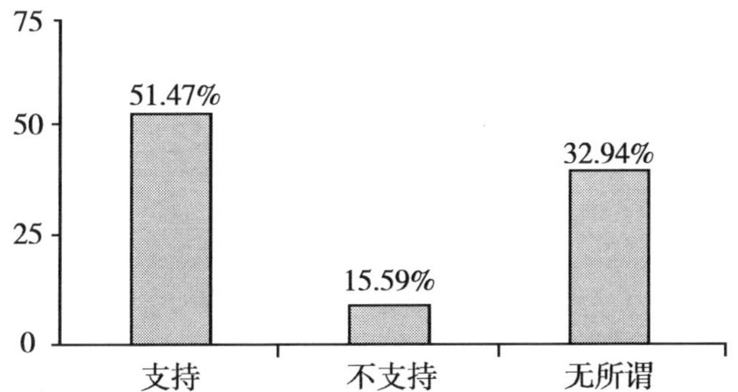

图 11 人体器官捐献无偿态度调查

Fig 11 Investigation about the Attitude to Human Organ Donation without Repayment

2. 人体器官捐献应该有一定补偿态度调查

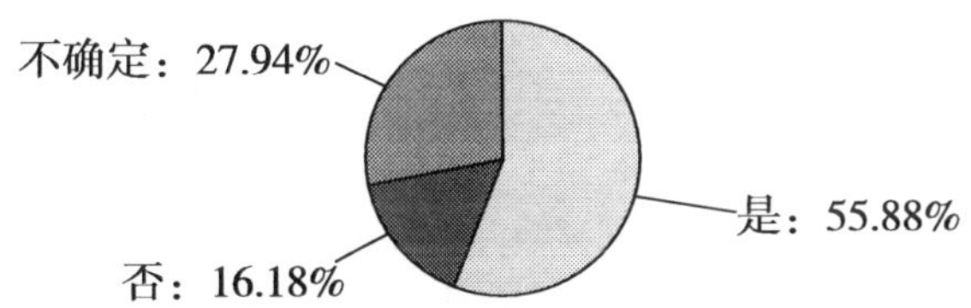

图 12 人体器官捐献应该有一定补偿态度调查

Fig 12 Investigation about the Attitude to Human Organ Donation Compensation

3. 认为实施人体器官捐献补偿能提高人体器官捐献率态度调查

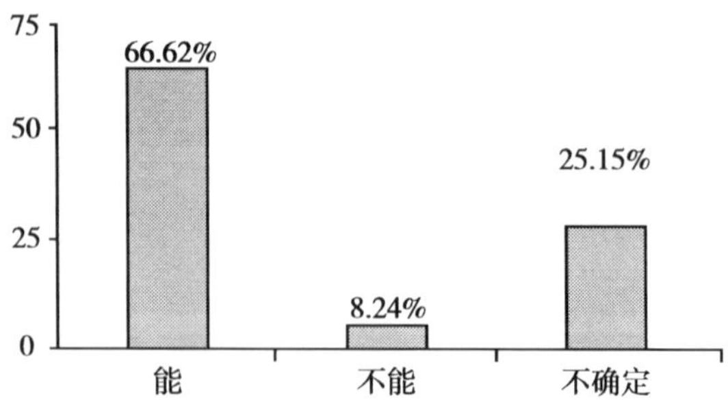

图 13　认为实施人体器官捐献补偿能提高人体器官捐献率态度调查

Fig 13　Investigation on the Attitude that the Implementation of Human Organ Donation Compensation can Improve Human Organ Donation Rate

4. 认为人体器官捐献补偿会玷污人体器官捐献者调查

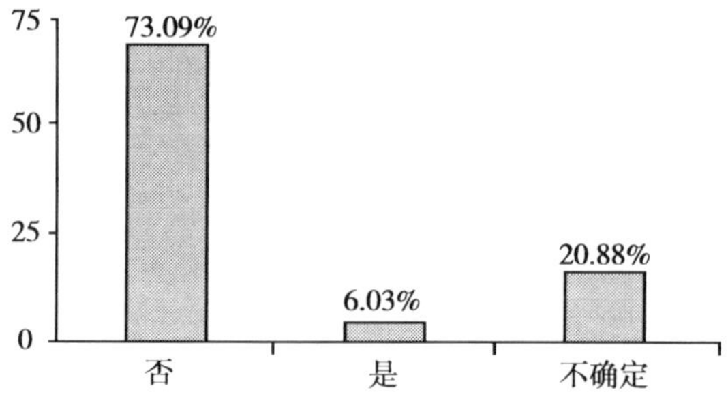

图 14　认为人体器官捐献补偿会玷污人体器官捐献者调查

Fig 14　Investigation on the View that Human Organ Donation Compensation will Smear Organ Donors

5. 关于认为人体器官捐献应该得到补偿的原因

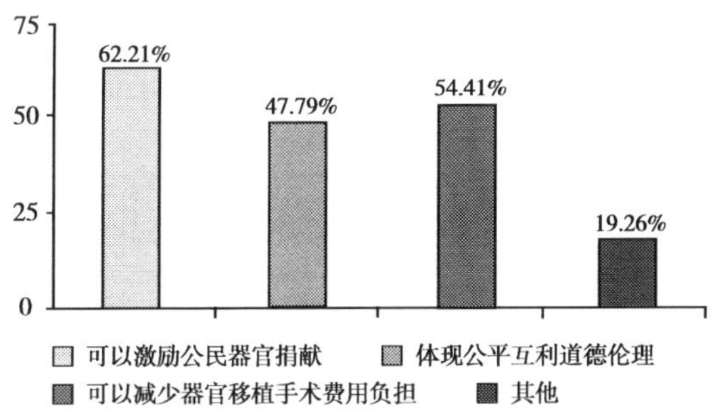

图 15　关于认为人体器官捐献应该得到补偿的原因

Fig 15　The Reason why Human Organ Donation should be Compensated

通过对目前国内人体器官捐献补偿的调查结果交叉分析显示：关于人体器官捐献是否应该有一定补偿的看法：55.88%（380/680）受访者认为人体器官捐献应该有补偿，对于人体器官捐献无偿态度调查中，有51.47%（350/680）受访者支持无偿捐献器官，两种观点所占比例基本相同，各占一半。66.62%（453/680）受访者认为人体器官捐献补偿能提高捐献率，超过73%的受访者认为人体器官捐献补偿不会玷污人体器官捐献者，说明大部分受访者接受人体器官捐献补偿[①]，认同人体器官捐献补偿机制能提高人体器官捐献率。对于人体器官捐献应该得到补偿的理由，选择“可以激励公民器官捐献”的受访者占大多数，比例达到62.21%（423/680），不少受访者选择“可以减少人体器官移植手术费用负担”，比例是54.41%（370/680），另有47.79%（325/680）受访者认为补偿可以体现公平互利道德伦理，剩余约19%（131/680）受访者选择“其他”。

---

① 胡冬梅：“医务工作者、医学生及民众对器官捐献的认知、态度及意愿的调查研究”，南方医科大学2015年博士学位论文。

（五）关于对目前国内人体器官捐献补偿相关法律的交叉分析①②③④⑤⑥

1. 人体器官捐献补偿立法必要性调查

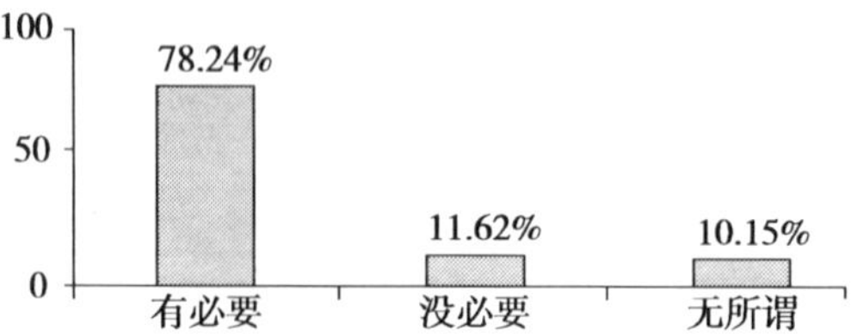

图16 人体器官捐献补偿立法必要性调查

Fig 16 Investigation on the Necessity of Organ donation Compensation Legislation

2. 人体器官捐献补偿制度在我国立法可能性调查

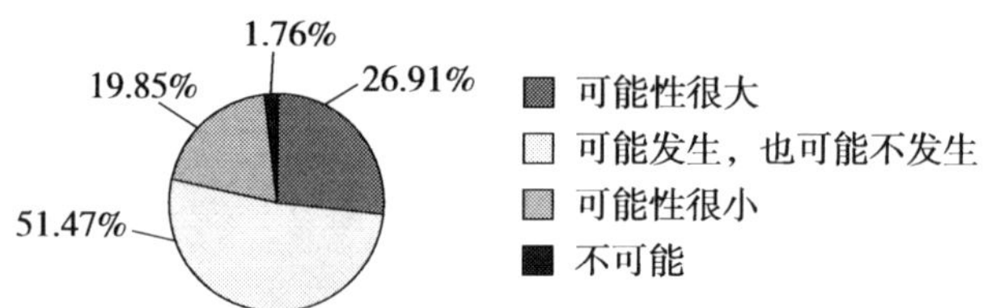

图17 人体器官捐献补偿制度在我国立法可能性调查

Fig 17 Investigation on the Possibility of Legislation of Human Organ Donation Compensation in our Country

---

① 黄焱、董圆圆："借鉴国际器官捐献经验探索我国器官捐献模式"，载《中国市场》2011年第9期。

② 杜换涛："论人体器官捐献中人道救助机制之构建"，载《新西部》2014年第2期。

③ 代树平："我国公民器官捐献制度建设研究"，山东大学2015年博士学位论文。

④ 刘勇："探索建立中国人体器官捐献体系——逐步解决器官来源问题，规范器官移植工作"，载《中华器官移植杂志》2010年第31卷第7期。

⑤ 晏庆琴："我国器官捐献的民法学研究"，厦门大学2008年硕士学位论文。

⑥ 王雪："人体器官的物权属性"，天津商业大学2012年硕士学位论文。

3. 现阶段我国创设法规以完善人体器官获取、运输体系和人体器官分配、共享、监管系统必要性调查

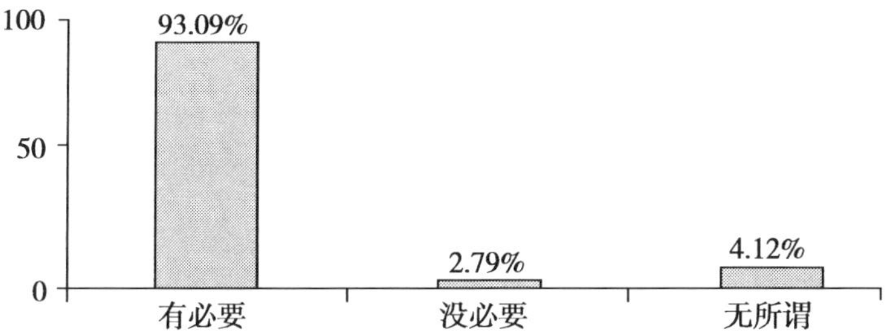

图 18　现阶段我国创设法规以完善人体器官获取、运输体系和人体器官分配、共享、监管系统必要性调查

Fig 18　Investigation on the Necessity that at the Present Stage, We should Establish Laws and Regulations to Improve Organ Acquisition, Transportation System , Organ Allocation, Sharing and Supervision System

4. 在匹配性相同的情况下选择人体器官分配原则调查

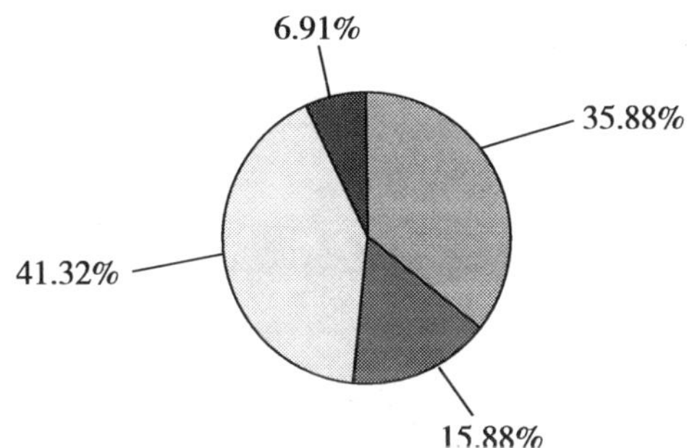

图 19　在匹配性相同的情况下选择人体器官分配原则调查

Fig 19　Investigation about the Selection of Organ Allocation Principle under the Condition of the Same Matching

5. 关于国外人体器官捐献不同政策的选择

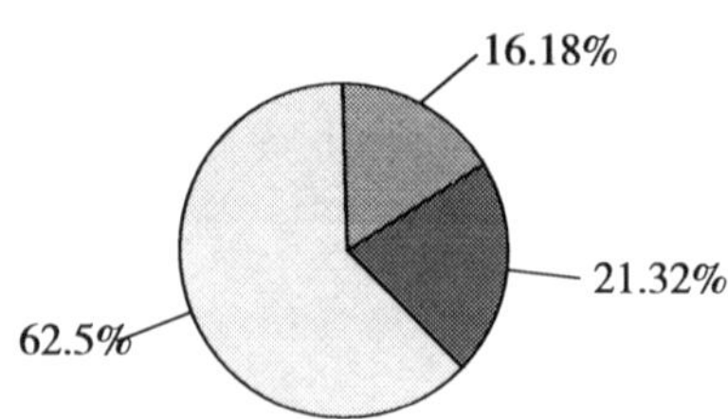

- 伊朗实行器官有偿捐献制度。对于有偿器官捐献者，伊朗政府给予大约1200美元补偿和一定限额的健康保险（通常为一年）
- 法国器官捐献须遵守“匿名、无偿、自愿”的原则，器官捐献是一种无偿行为，任何形式的补偿和买卖都会受到《生物伦理法》的严厉处罚
- 新加坡允许向提供器官捐献的人提供经济补偿，同时将确保这些活体器官捐献不涉及器官买卖或不道德交易

图 20　关于国外人体器官捐献不同政策的选择

Fig 20　Selection of Different Policies for Foreign Human Organ Donation

6. 关于愿意接受的人体器官捐献补偿方式

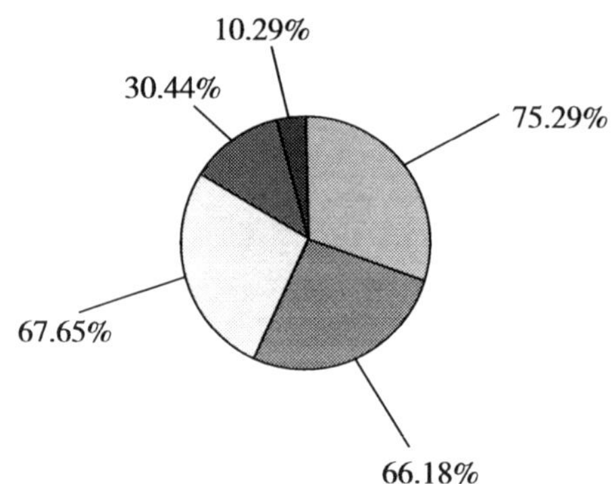

- 补偿医疗保险及相关费用（治疗费、手术费、交通费、食宿费等）
- 捐献者及其近亲属符合生活困难标准，有权申领救助金
- 捐献者及其近亲属可以优先匹配器官
- 提供捐献者子女就学的相关便利
- 其他

图 21　关于愿意接受的人体器官捐献补偿方式

Fig 21　Human Organ Donation Compensation for Willingness to Accept

7. 认为人体器官捐献补偿法律制度内容

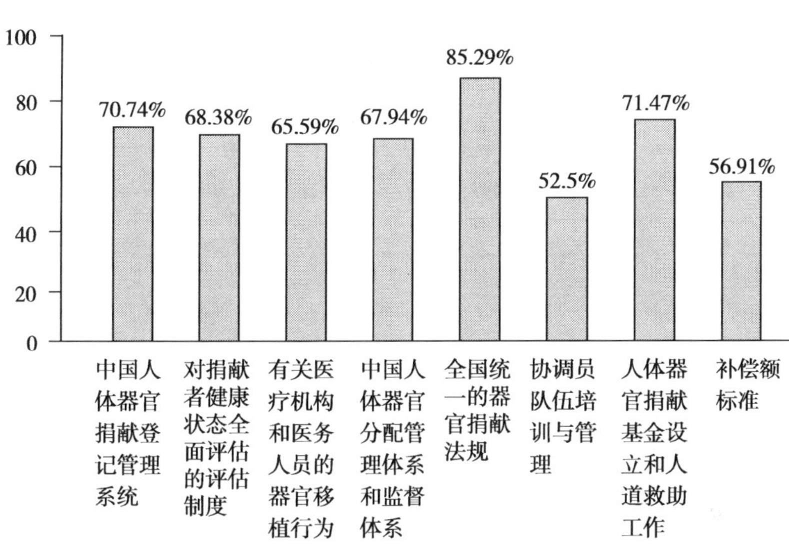

图 22 认为人体器官捐献补偿法律制度内容

Fig 22 Think of the Legal System Content of Human Organ Donation Compensation

通过对目前国内人体器官捐献补偿相关法律的调查结果交叉分析显示：第一，关于人体器官捐献补偿立法必要性、可能性以及创设法规以完善相关系统必要性调查。将近 80%（532/680）受访者认为人体器官捐献补偿机制有必要立法，然而认为有必要补偿立法的受访者并不全都选择“人体器官捐献补偿制度在我国立法的可能性很大”，只有 26.91%（183/680）选择此选项，说明相当部分受访者认为有必要对人体器官捐献补偿进行立法予以规范，同时又觉得按照当前国情，人体器官捐献补偿制度在我国不一定能建立，认为人体器官捐献补偿机制立法可能发生也可能不发生。反映出受访者即便认同了人体器官捐献补偿机制的意义，但还是对补偿制度存有顾虑。同时超过 93%（633/680）的受访者认为现阶段我国有必要创设法规以完善器官获取、运输体系和器官分配、共享、监管系统。因此可以得出一个结论：在广州地区建立人体器官捐献补偿机制具有可行性——可以在广州试点实施人体器官捐献补偿制度，但是要做到严格监管；第二，关于在匹配性相同情况下比较赞同哪种人体器官分配原则的调查。41.32%（281/680）受访者赞同“考虑受捐献人的社会价值，如预期寿命和依赖者的数量，将来为社会捐献的潜力和过去的成就，以总得分为基础分配”分配原则，占的比例最大。较多受访者认为这个人体器官分配原则比较合理，说明日后人体器官捐献政策可以参考此分配原则；第三，关于国外人体器官捐献不同政策的选择。超过62%（425/680）受访者表示更赞同新加坡国家的器官捐献补偿制度，另外，21.32%（145/680）比较认同法国的无偿捐献器官制度，16.18%（110/680）赞同伊朗的有偿捐献器官制度；第四，关于愿意接受的人体器官捐献补偿方式的问题，选择“补偿医疗保险及相关费用（治疗费、手术费、交通费、食宿费等）”方式的最多，约占75%（512/680）。说明人体器官捐献补偿医疗保险及相关费用的补偿方式，与公民最密切联系，是公民最关注的问题。同时反映出将来建立人体器官捐献补偿制度，可以优先考虑补偿医疗保险及相关费用（治疗费、手术费、交通费、食宿费等）的补偿方式。受访者其次选择“捐献者及其近亲属可以优先匹配器官”，约占67%（460/680）；接着是选择“捐献者及其近亲属符合申领救生活困难标准，有权申领救助金”，约占66%（450/680）。另外，以上方式的支持率都超过50%，对于日后人体器官捐献政策中的补偿方式的确定具有借鉴意义；第五，关于人体器官捐献补偿法律制度包含的内容的看法，多数受访者首先选择“全国统一的人体器官捐献法规”，其次选择“人体器官捐献基金设立和人道救助工作”，然后是选择“中国人体器官捐献登记管理系统”，选择“对捐献者健康状态全面评估的评估制度”，接着是选择“中国人体器官分配管理体系和监督体系”，选择“有关医疗机构和医务人员的人体器官移植行为规范”，最后是选择“协调员队伍培训与管理”。选择“补偿额标准”的人数虽然不是最少，但是仅约占57%（387/680），这跟前面结论“受访者觉得补偿机制立法可能发生也可能不发生”相照应。可以看出，受访者普遍认为当前我国很有必要创设一部全国统一的人体器官捐献法规以完善我国器人体官捐献体系。并且，前面提到的人体器官捐献补偿法律制度的内容，受访者对此选择的概率均大于50%，说明将来我国立法建立人体器官捐献补偿制度时可以借鉴以上内容。

三、结论

（一）人体器官捐献补偿制度建立具有合法性及可行性①②③④

通过对广州市居民人体器官捐献补偿相关社会及法律问题的调查分析，总的来说，大多数受访者赞同人体器官捐献补偿机制对提高人体器

① A. Farrugia, J. Penrod , M. Bult. “Payment, Compensation and Replacement——The Ethics And Motivation of Blood And Plasma Donation”, *Vox Sanguinis*, 2010, 3 (99), pp. 202 ~ 211.

② De Castro L D, “Commodification and exploitation: arguments in favour of compensated organ donation.” *Journal of Medical Ethics*, 2003, 29 (3), pp. 142 ~ 146.

③ Arthur J. Matas, “A Gift of Life Deserves Compensation How to Increase Living Kidney Donation with Realistic Incentives.” *Policy Analysis*, 2007, 11 (604), pp. 3, 4 ~ 7.

④ Ghods AJ, “Govemed financial incentives as an alternative to altruistic organ donation”, *Exp Clin Transplant*, 2004, 2 (2), pp. 221 ~ 228.

官捐献率的重要作用。理由如下：第一，目前没有足够的事实依据证明人体器官捐献补偿一定会导致人体器官商品化；第二，尽管利他主义难能可贵，但是人体器官捐献者不应该被迫地认为只能有纯粹的利他动机，付款本身不存在过错，禁止付款可以简单地减轻潜在的伦理问题的可见性，同时也会产生不公平问题。现代社会学理论提倡捐献者和受捐者均获得恩惠，即互惠主义，而不是单方向的利他主义。为此，建议在坚持互惠精神的基础上，通过多种激励措施从而可以多种途径地提高捐献率；第三，对人体器官捐献者提供补偿可以看作是在努力解决现行人体器官移植制度中存在的剥削问题。增加人体器官供应的最佳方式是人体器官捐献者补偿制度的合法化，缓解和解决人体器官短缺所需的唯一改变是对捐献者进行补偿，而补偿捐献潜在的实际和理论问题是可以克服的。经过仔细分析，很显然捐献者受补偿的捐献制度的好处大于任何风险。有必要为人体器官来源提供经济激励或社会效益以增加活体或遗体器官捐献的数量。第四，应当通过立法的形式来确立规范人体器官捐献补偿制度，综上所述，此次调查结果表明人体器官捐献补偿制度在广州市建立具有合法性与可行性。

（二）我国人体器官捐献补偿制度存在的问题及完善建议①②③④⑤

然而，在中国由于存在人体器官捐献体制和人体器官移植体制都不完善、缺乏公开透明的监督管理体系、对人体器官捐献与人体器官移植相关事项宣传不到位等问题，因此，为了促进我国人体器官移植事业的发展，当前非常有必要创设一部全国统一的人体器官捐献法规。其中法规的内容包括人体器官捐献基金设立和人道救助工作、有关医疗机构和医务人员的器官移植行为规范、协调员队伍培训与管理、中国人体器官捐献登记管理系统、对捐献者健康状态全面评估的评估制度和中国人体器官分配管理体系和监督体系等。

人体器官捐献补偿制度具体建议包括：①制定补偿额标准；②偿付遗体捐献者的医疗费和殡葬费用；③活体捐献者医疗费和医疗假；④继续赔偿活体捐献者医疗休假期间（住院后 30 天）的工资；⑤补偿工资损失、旅费和后续照顾等一切费用；⑥购买潜在残疾（或死亡）的保险；⑦捐献者获得移植优先权；⑧给予捐助者的孩子奖学金，援助生计

---

① Giles S, "An antidote to the emerging two tier organ donation policy in Canada: the Public Cadaveric Organ Donation Program", *Journal of Medical Ethics*, 2005, 31 (4), pp. 188 ~ 191.

② Perenc L, Radochonski M, Radochonski A, "Knowledge and attitudes of Polish university students toward organ donation and transplantation", *Psychology, Health & Medicine*, 2012, 17 (6), p. 667.

③ Peters Thomas G, Fisher Jonathan S, Gish Robert G, Howard Richard J, "Views of US Voters on Compensating Living Kidney Donors", *JAMA surgery*, 2016, 151 (8), p. 710.

④ Ona E T, "Compensated living nonrelated organ donation: an Asian perspective", *Transplantation Proceedings*, 2000, 32 (7), pp. 1477 ~ 1479.

⑤ Jeffrey P. Kahn, Francis L. Delmonico, "The Consequences of Public Policy to Buy and Sell Organs for Transplantation", *American Journal of Transplantation*, 2004, 2 (4), pp. 178 ~ 180.

活动等。通过上述具体人体器官捐献补偿制度的完善设计，鼓励人们能在“不涉及器官买卖或不道德交易的国家器官捐献经济补偿制度”下积极踊跃捐献其遗体或活体器官以缓解人体器官短缺问题，促进我国人体器官移植医疗事业良性发展。

广州市无器官移植资质医院寻找捐献者鼓励机制实证分析[①]

当前，人体器官移植作为十分重要的现代医学技术发展迅速，并日趋成熟，但是同时与此相关的各类问题也随之显现，其中器官短缺问题更是成为制约人体器官移植技术发展的瓶颈，解决短缺问题不外乎开源节流。在我国现今，由于缺少系统的器官捐献立法和明确的器官捐献流程，有器官移植资质医院、无器官移植医院和第三方配合缺失，使器官捐献制度不能很好地做到寻找潜在捐献者和提高器官使用效率。许多有捐献意愿的人因为程序繁琐、权利得不到保障等原因，最终不得不放弃捐献器官的打算。因而，一方面，大量的潜在捐献者找不到便捷合法的捐献途径，放弃捐献；另一方面，众多患者因缺少器官供体，面临失去生命的担忧。[②] 本书以实证研究的方法对广州市内无器官移植资质医院寻找潜在捐献者的鼓励机制进行初步构想，通过有资质医院、无资质医院、参与器官捐献体系的第三方联动协作，最大范围地使潜在捐献者变成实际捐献者，扩大器官来源，同时减少运输分配过程中器官的损失，提高器官使用效率。

① 龚波、孙丽莉撰写，刊于《自然科学》2017 年 10 月第 1 卷。

② 龚波："论我国人体器官获取行为的法律规制"，载《探求》2016 年第 1 期。

一、资料与方法

（一）调查对象和调查方法

2017年在广州地区通过对特定对象（医学生、医务人员、法学生、法务工作人员及普通大众等）按比例发放调查问卷来获得实证研究主要数据资源；通过对卫生法专家、硕士生导师龚波副教授的采访获取专家意见；通过对广州医科大学附属第二医院进行实地调查，获取无资质医院现行的相关措施、面临的主要困难和亟待解决的问题。全方位获取各类资料。

（二）统计学分析

数据部分用excel整理，结果用频率、百分数、图表等表示。部分用SPSS软件进行处理，再整理成直观的图，采用卡方检验进行统计学比较，$P\leqslant 0.05$为差异有统计学意义。

二、结果

在600份问卷调查中，最后可采纳有效问卷总计是467份。参与问卷调查的人员里，35.06%是男性，64.94%是女性；50.41%的人年龄在20岁以下，41.7%的人年龄在20岁至35岁，6.64%的人年龄在35岁至50岁，1.24%的人在50岁以上；初中及初中以下文化程度的占1.45%，高中文化程度的占5.6%，本科文化程度的占83.61%，硕士及硕士以上文化程度的占9.34%。

(一)调查对象个人的职业信息

本书调查对象个人的基本信息如图所示。

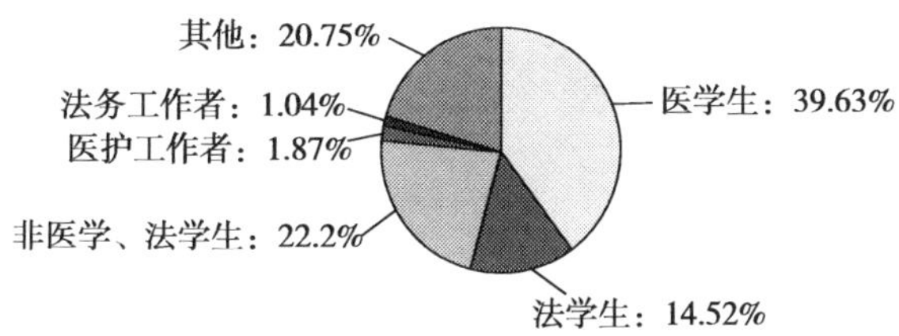

图1 参与问卷调查者的职业分布

Fig 1 The Occupational Distribution Of Participants In The Questionnaire

(二)您是否了解(接触)过器官移植及接触过器官移植哪些方面

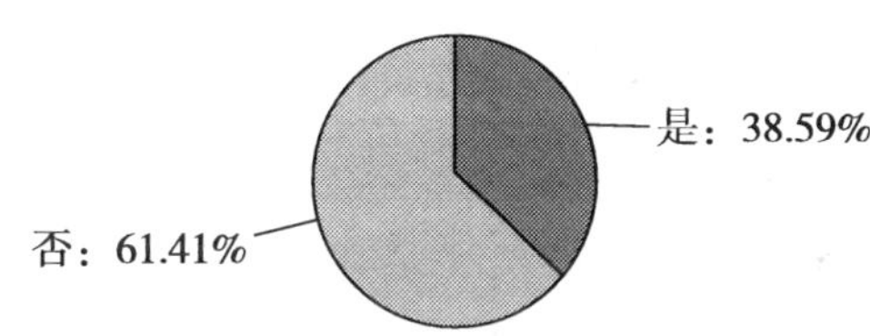

图2 关于是否了解(接触)过器官移植

Fig 2 Whether or not to understand (contact) over organ transplantation

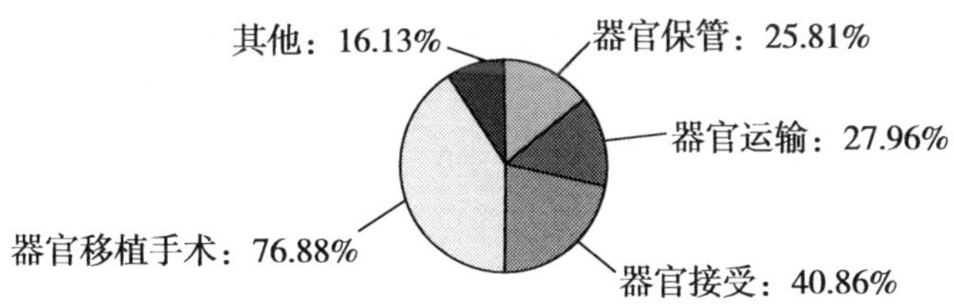

图3 关于接触器官移植的方面

Fig 3 On The Aspects Of Contact Organ Transplantation

分析：①参与器官移植手术与器官接受手术的比例明显不均，反映我国器官移植的供需差异大，供求之间的矛盾严重；②接触器官保管及器官运输的人群不够具体，推测应为医务工作者或器官移植相关志愿者居多，与问卷采集中职业占比的数据有些偏差。

（三）您认为器官移植短缺存在的原因有哪些

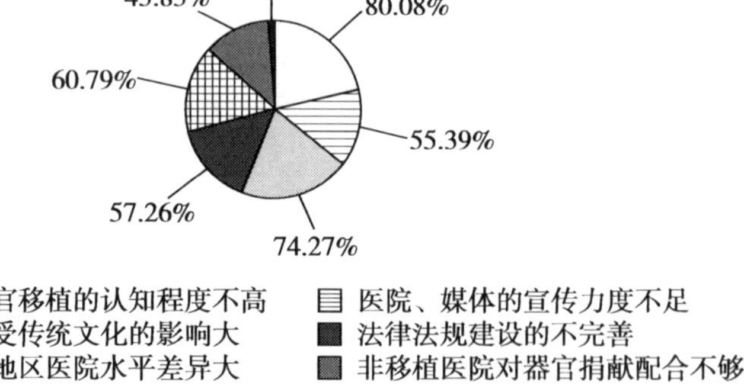

图 4　器官移植短缺存在的原因

Fig 4　The reasons for the shortage of organ transplantation

分析：①占比较大的两个选项（对器官移植的认识程度不高和个人受传统文化的影响大）反映了对于加强器官移植基础知识教育工作的迫切性；②医院器官移植资源分配的区域性、层级性差异大；③人群从医院、媒体接受的器官移植知识相关宣传很少；④在器官捐献过程中，无资质医院的积极性与配合度低；⑤没有具体的法律法规引导固有的低效率模式进行改变。

（四）您所在（接触过）的医院是否有器官移植资质

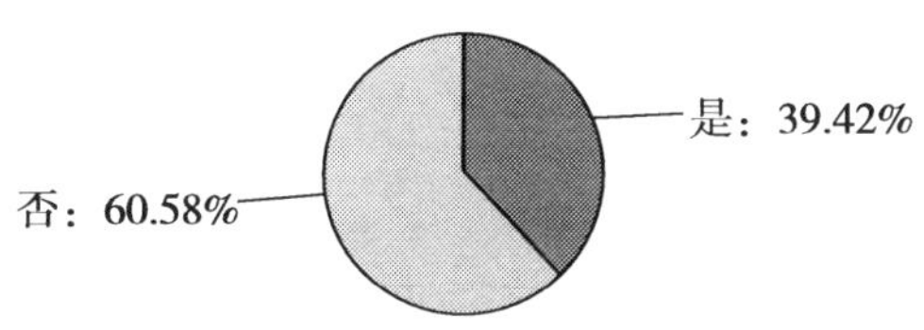

图5　关于所在（接触）医院是否有器官移植资质

Fig 5　The qualification of organ transplant of the hospital that you know

分析：如上述数据显示，多数人并未接触过有器官移植资质的医院，或者说，多数人对于自己接触的医院有无器官移植资质并不了解。可以看出，民众对于有资质医院的接触和了解是有限的。

（五）您认为可以采取哪些措施鼓励无资质医院参与到器官移植相关工作中

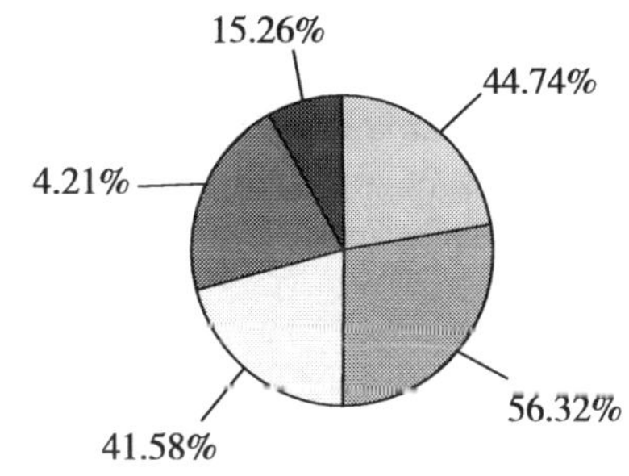

图6　鼓励无资质医院参与器官移植工作的措施

Fig 6　The method that encourage the unqualified hospital taking part in organ transplantation

分析：如上述数据显示，就鼓励无资质医院参与器官移植工作的措施来说，许多人都赞同及时评估医疗机构的移植临床能力并公布结果，再次才是使用中国人体器官分配与共享系统、经济支持力度、培养器官移植相关领域的优秀医务人员。可以看出，参与问卷的民众大多期望明确医院器官移植手术的资质，认为就目前来说，可能规范化会是首要关注点，其次才是有资质医院数量的扩大以及无资质医院的充分参与。

（六）您所在（接触）的医院寻找器官捐献者的现行措施有哪些

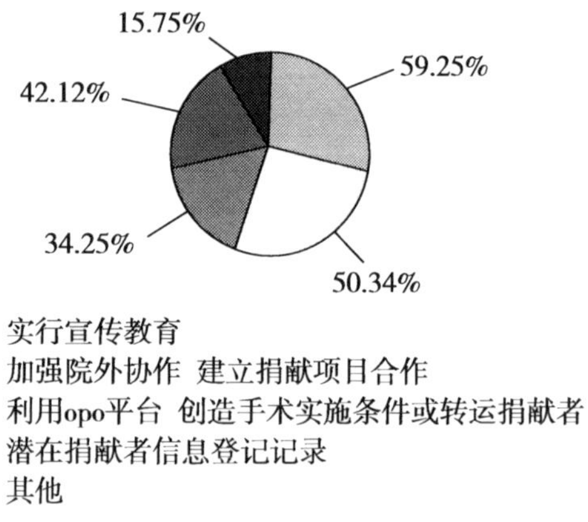

图 7　寻找器官捐献者的现行措施

Fig 7　The method that the hospital you know has took for finding the donor

分析：如上述数据显示，就参与问卷调查的民众来说，接触得最多的寻找器官捐献者的现行措施依次是宣传教育、院外协作、潜在捐献者信息登记记录、利用 opo 平台创造手术实施条件和其他。无疑大多数人对于现行寻找捐献者的措施更多停留在宣传方面的认识，对于其中制度运作，医院与医院之间的配合等相关问题的接触与认识较少。即使是医务从业人员，对器官捐献方面制度的运作的了解也存在一定的盲区。

（七）您认为在寻找捐献者过程中可能还存在什么困难与担忧

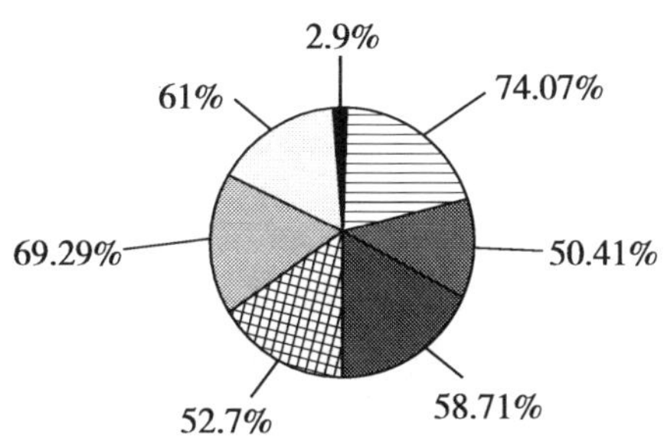

国内科学观念尚未成熟
无资质医院与有资质医院缺乏联系
无资质医院缺乏政策保护，自身权益难以得到保障
医疗卫生水平的不足
传统伦理道德束缚
国内器官分配机制不完善，摘取的器官无法满足该区域的需求（所摘取的器官由国内器官分配系统统一分配）
其他

图 8　寻找捐献者过程中存在的困难担忧

Fig 8　The trouble that may happen while finding the donor

分析：如上述数据显示，参与问卷的民众对于器官捐献者寻找困难的问题，大多数都认为应归咎于社会大众缺乏科学观念以及诸如人不能“死无全尸”等传统伦理道德对民众的束缚。其次，参与问卷调查的群众也十分关心器官分配机制问题，而现行器官捐献机制的效率似乎也受到不少民众的质疑。最后，才是医疗水平、有无资质医院之间的联系等条件问题。无疑，参与问卷调查的民众依然最为关心的是改变观念与有效分配的问题。

（八）您是否了解有关有资质的和无资质的医院器官移植方面的合作机制

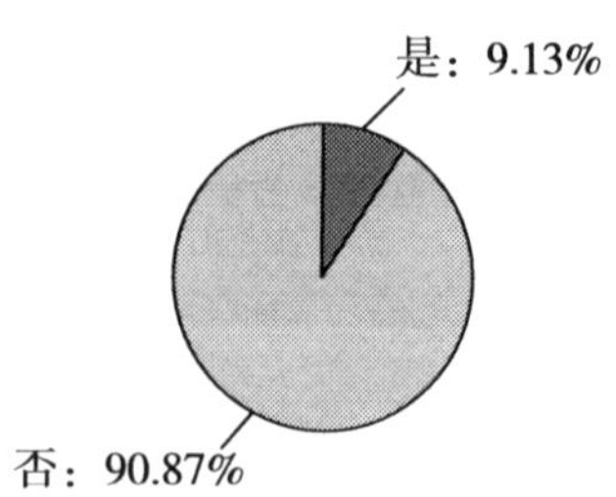

图9　关于是否了解有关有资质的和无资质医院器官移植方面的合作机制

Fig 9　The investigation about whether you know the cooperation between the qualified and the unqualified hospitals or not

分析：对于有资质医院和无资质医院间的合作机制，90.87%的人表示不了解，只有9.13%的人了解过这样的机制，表明了大部分人虽然支持这样的合作机制的建立，但是由于社会医疗观念的落后、卫生水平的低下，有器官移植资质医院仍然是器官移植手术的最大利益者。双方的合作机制尚未成熟，有的地区甚至尚未实现。因此对于大多数人而言，有器官移植资质的医院和无器官移植资质的医院间的合作机制仍然是十分陌生的。

（九）您对建立无资质医院鼓励机制的看法

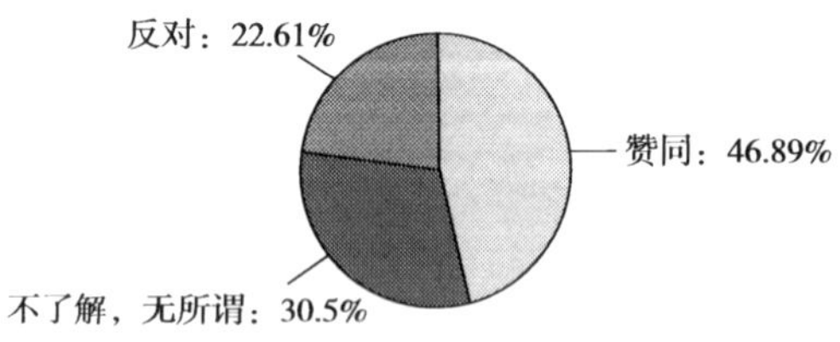

图10　对建立无资质医院鼓励机制看法

Fig 10　The view of establishing the encouragement of unqualified hospital

分析：对于建立无资质医院寻找供体鼓励机制的态度，有46.89%的人表示赞同，30.5%的人表示无所谓，不了解，剩下的22.61%的人表示反对这样的鼓励机制出现。随着我国经济社会的发展，医疗卫生事业随之同时发展。医疗卫生水平的逐日上升却与我国器官供体严重不足形成了鲜明对比。由于我国医疗卫生事业还处于初中级阶段，医院还是以无器官移植资质的中小型医院为主，大型医院资源分布不均，在无资质医院中建立寻供鼓励机制可以在一定程度上缓解我国器官供体不足的状况。但是由于我国在2013年才正式建立了器官捐献的正式流程，群众对于器官捐献流程不甚熟悉，加之建立无资质医院鼓励机制唯恐有助长器官买卖的嫌疑，因此仍然有过半数的调查者主张消极对待在无资质医院中建立鼓励机制这样的一种行为。

（十）您认为有必要通过立法建立无资质医院寻找捐献者的鼓励机制吗

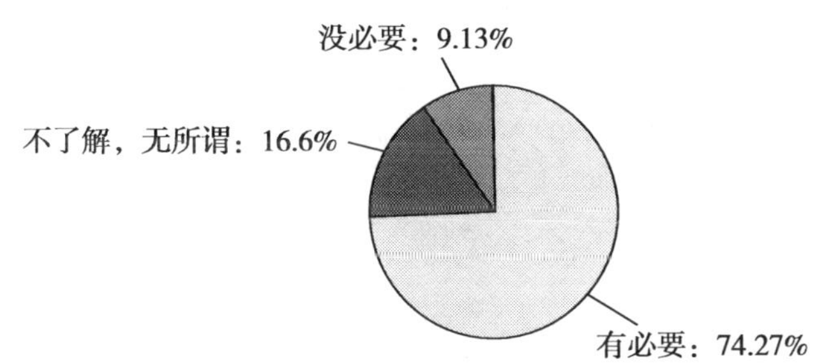

图11 对于通过立法建立无资质医院寻找捐献者的鼓励机制的看法

Fig 11 The view of encouraging the unqualified hospital to find the donor legislatively

分析：在这个问题上，74.27%的被调查者认为立法建立无资质医院寻找供体的鼓励机制有必要，16.6%的接受调查者认为不了解或者是认为这样的立法有没有也无所谓，剩下的 9.13% 的人认为通过立法制定这样的机制大可不必，没有必要通过立法手段建立这样的鼓励机制。通过立法的手段建立无资质医院寻找器官捐献者的鼓励机制，从立法层面确定了无资质医院在寻找器官供体时的利益分配，使无资质医院在寻找器官供体时能够得到相应的利益，一定程度上调动了无器官移植资质医院在寻找器官供体时的积极性，充分调动了无资质医院在与有器官移植资质医院间的合作的积极作用，通过立法而不是医院间的合同或者协商关系使这样一种合作关系得到更好的保障。无器官移植资质医院在器官捐献流程中的利益得到充分保障。但是，正如前面的调查数据显示，目前大多数调查者对于器官捐献的流程与医院间的合作机制的了解仍然迟滞甚至是空白。由于我国长时间处于固有习俗和思想的束缚之下，“死留全尸”等落后观念阻碍了器官捐献。[①] 另外，在西班牙、美国和我国台湾地区等都建立了相对完善的器官捐献流程和行为机制的情况下，[②] 我国器官捐献流程仍然处于一种十分落后的情况，并且对于器官捐献的宣传力度十分有限，宣传方式的生硬也让许多人无法接受与了解这样的医疗卫生行为，对于器官移植和器官捐献过程中有无资质医院间的联动合作的认识缺失在很大程度上使被调查者们对通过立法确定鼓励机制产生了消极想法。

---

① 龚波：“人体器官捐赠行为的社会心理基础与法律规制”，载《心理医生》2012 年第 226 期。

② 刘煜峭、姜鑫：“西班牙模式对我国器官移植供体保护的启示”，载《医学与法学》2017 年第 4 期。

（十一）您认为建设无器官移植资质医院寻找捐献者鼓励机制的现实可能性有哪些

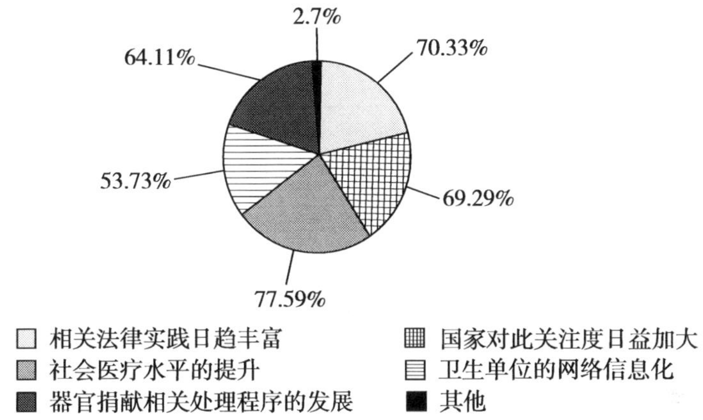

图 12　建设无器官移植资质医院寻找捐献者鼓励机制的现实可能性

Fig 12　Realistic possibilities for finding donors' incentives in hospitals of uon Organ transplant qutification.

分析：选择人数最多的前三项分别是，社会医疗水平的提升，相关法律实践日趋丰富，国家对此关注度日益加大。分析第一项我们可以知道，尽管目前器官捐赠还面临许多难题，但是首先需要考虑的就是我们的医疗水平，因为医疗水平直接导致捐赠器官的存活率，如果是活体捐赠还会涉及捐赠者的人身安全（例如云南捐献骨髓中途反悔事件）。如果我们的社会医疗水平跟不上，摘除器官经常出现不成功，摘除导致死亡，甚至给捐献者带来巨大伤害危及生命，这将严重打击器官捐献者的热情。所以医疗水平就成为所有亟待解决的问题中最重要的一个问题。在这里我们不得不考虑一个现实，中国每年大约有 150 万患者需要进行器官移植，而每年进行的器官移植手术仅有 1 万例左右，器官的稀缺性导致了一个严重问题，即器官的商品化，由此引来的一系列器官违法交易和犯罪问题，而这一系列问题都有赖于国家法律的强制力保证。所以人们希望国家对此关注度可以日益加大，相关法律实践可以日趋丰富，只有这样才可以更好地保护捐献者和受献者的利益，保证器官捐献期间的不存在藏污纳垢的情况，保证其公开透明性。

（十二）您认为谁应该是鼓励无资质医院的主要承担者

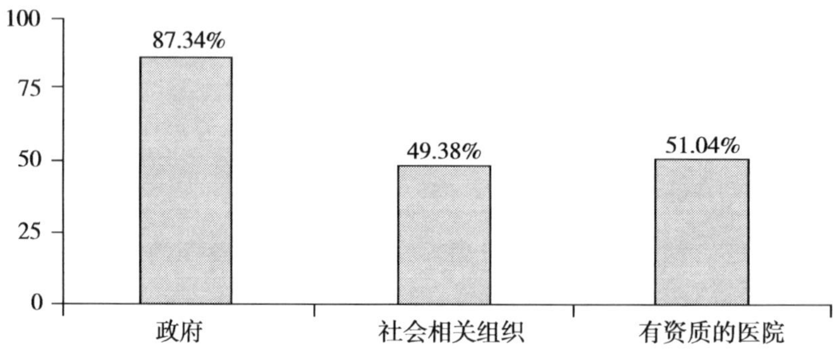

图 13　您认为谁应该是鼓励无资质医院的主要承担者

Fig 13　Who do you think should be the prime bearers to encourage unqualified hospitals

分析：选择人数最多的是政府，高达 87. 34%，而社会相关组织和有资质的医院基本上都只有 50% 的人选。我们首先需要考虑一系列基本事实，中国目前面临的人体器官捐赠的问题严峻，涉及的法律不完善，大众对器官捐献的认知程度不够以及伦理道德等，目前人们对器官捐赠大多持消极态度。在这样一个情况下，大多数人们不认为社会相关组织以及有资质的医院会为鼓励无资质医院过程中所可能引发的医疗事故、社会道德、灰色交易等一系列的风险背书。只有政府才具备在鼓励无资质医院的过程中有关风险的预防、处理，以及为所可能引发的社会影响负责的能力。由于目前中国器官捐赠面临一系列问题，及可能引发一系列风险，包括社会舆论走向，群众的恐慌等，唯独政府的公信力才能让人们信服。

（十三）您认为可以通过哪些措施对无资质医院寻找捐献者进行鼓励

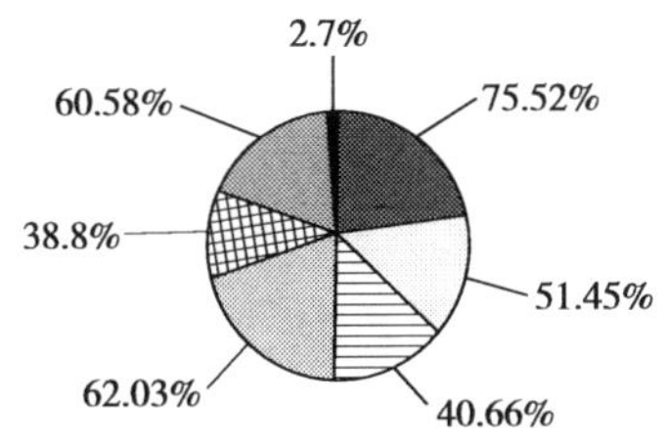

图 14　可以通过哪些措施对无资质医院寻找捐献者进行鼓励

Fig 14　What measures can be taken to find donors in unqualified hospitals to encourage them

分析：选择人数最多的前三项分别是，政府经济补贴，有资质的医院加强对无资质医院医疗技术的帮助，完善有资质和无资质医院对接上的分工合作。其中选择人数最多的是政府经济补贴。政府经济补贴主要分为两方面，一方面是给予医院的补贴，首先由于许多患者家属并不会选择器官捐献，由此我国设立了“劝捐员”，对患者家属介绍相关知识，打消相关疑虑，并鼓励他们签署器官捐赠协议，但是培养雇佣“劝捐员”是需要一定的资金。其次为了提高捐赠器官成功率等，医院还需要具备相关的医疗条件，包括医疗设备等，这些无疑都需要资金的支持，而政府的补贴一定程度上可以缓解资金问题；另一方面，是给予患者家属的补贴，目前器官捐献面临的很大障碍是，传统观念中人们对遗体完整性的看重以及活体捐献对日后健康的影响。所以政府的补贴一方面可以给死者的家属以经济上的补偿，另一方面可以改善活体捐献者日后健康护理问题。从而降低人们对器官捐献的抵抗情绪，达到鼓励人们去捐献器官的目的。有资质的医院加强对无资质医院医疗技术的帮助以及完善有资质和无资质医院对接上的分工合作无疑会加强无资质医院的技术力量，大大提高捐献器官的匹配移植成功率等，这些也能很大程度上缓解捐献者的忧虑。

（十四）如果建立无器官移植资质医院寻找捐献者鼓励机制您认为应该注意哪些问题

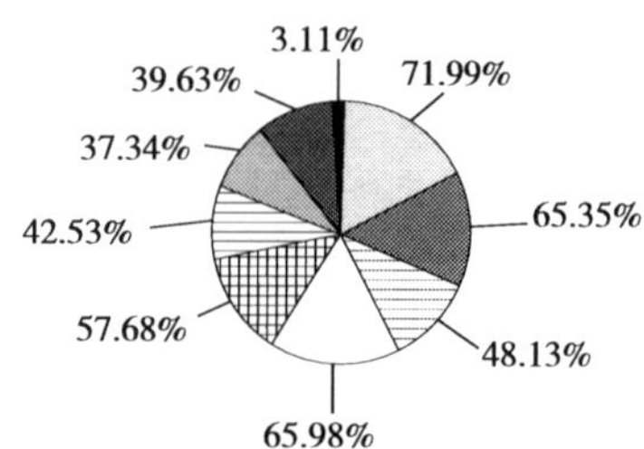

图 15　建立无器官移植资质医院寻找捐献者鼓励机制您认为应该注意哪些问题

Fig 15　Establishing a No Organ Transplant Qualification Hospital Looking for Donor Incentives What issues do you think should be noted

分析：从图表可以很清晰地看出绝大部分人认为宣传度不够，公众对参与积极度和认知度有限，体系的利用度不高，机制内的医院内部缺乏具体、有约束力的措施，落实困难；面对医疗纠纷的责任认定，可能产生医患矛盾；关于器官的移植与捐献的立法落后于现实等问题出现的可能性很大，其中关于机制建成之后的实施效力问题最为引人注意。一个机制效力的显现，不仅需要完美的设计和严密的逻辑，广大的实施群众基础也是必不可少的，运行机制的主体或者其他参与者如果不了解或者有理解偏差，必然会导致其实际效力偏颇。宣传教育作为打实群众基础的重要手段，一定要全方位多角度深入进行。现今网络技术发展，社交媒介、各类媒体与人们生活密切关联，[①] 一方面形成了监督政府、司法、执法的新力量，另一方面由于媒体人等并非相关专业人士，可能片面地引导公众错误思考，使机制被舆论绑架。这个问题的解决与相关问题的宣传也是密切相关，立法明确规定也是强有力的方法，对舆论引出的真实问题要及时有效解决，对舆论错误导向要及时制止。大部分机制都不可能完美，为了整个机制的稳定性，必然有些规定概括性较强，这时便需要实施者（如医院）内部进行具体规定，于是便可能产生医院规定不够具体、落实困难、对相关问题理解不同产生医疗纠纷的问题。对此，主要需要依靠医院内部的分工，比如，可以建立专业化的处理小组，对其进行解决，而不至于使医生等医务人员分心于此？因为我国法律专家学者在相关问题上虽然一直都有研究，但是并没有形成完整的理论体系，机制建成之后相关立法的不完善可能导致其实施困难。前文中

① 龚波、郑嘉丽："广州市人体器官捐献补偿实证分析"，载《西南民族大学学报》（自然科学版）2017 年第 43 卷第 6 期。

提到的鼓励方式，如资金补助、心理激励、帮扶措施等都是重要部分。其中关于资金补助的主要承担者，此次调研中有50%的人认为应当是社会组织和有资质医院，而这两者的资金来源并不是完全稳定的，可能导致机制不稳定。同时，器官移植涉及很多伦理问题，“器官调解员”的存在便是由此，心理激励和事后安抚也是机制的一大部分，需要专业人士参与解决。

（十五）如果建立完成无器官移植资质医院寻找捐献者鼓励机制，您认为可能对相关领域产生哪些建设性影响

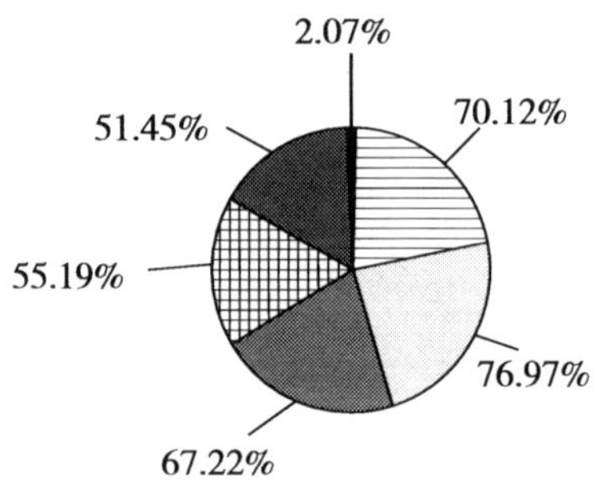

图16 您认为建立完成鼓励机制可能对相关领域产生哪些建设性影响

Fig 16 What constructive implications do you think the establishment of a completion incentive mechanism may have in related areas

分析：从现有数据可以清晰看出，绝大多数人认为机制建成之后将对相关各方面产生趋利建设性影响，尤其是在缓解器官短缺和提高器官

使用效力的问题上，均达到了 70% 的比例。但这只是期待中的理想化状态，如何把它变成现实，与第 18 题等问题的解决也密切相关（这里我们先假设已经设计出较完善的鼓励机制），只有处理好实施中可能遇见的问题，才可能提高机制运行的效力，从而产生预期的建设性作用。无资质医院寻找潜在捐献者的鼓励机制涉及器官的寻找、摘取、保存、运输、交接等各个方面，并不仅仅限于基础性的寻找。

通过建立这种机制，可以缩短器官收集到使用之间的时间差，从而减少由于非典型技术性问题而导致的器官损失，提高器官的使用效率。现今我国器官短缺的问题已经十分严重，解决短缺无外乎两种方法，一是开源，二是节流。寻找潜在捐献者明显是开源的重要方法，同时，整个机制可以提高器官使用效率，也是节流的表现，从这个意义上讲可以说它可以一定程度上缓解器官短缺问题。鼓励机制其实本身就属于器官移植和捐献体系的一部分，不过是比较缺失但又复杂的一部分，如果能建设构思好，必然会使器官移植和捐献体系的巨大完善。

现阶段在整个器官协作的体系中，有资质的医院仍处于相对获益的一方，而无资质医院却处于一个多劳少得的状态，很明显这并不是一个健康和谐的状态，必然显现出其缺陷，通过建立鼓励机制，平衡两者之间的利益关系，使二者协调发展。同时，鼓励机制如果不是通过法律的方法来设计构思的，必然会缺少强制力使其更加迅速有效地实施，如果不是通过法律严密谨慎的逻辑思维来考虑，必然也会失去其现实可能性，所以将其纳入卫生法学的研究范围，可以使理论性的机制更具有实施可能性。与此同时，这也将丰富卫生法的研究内容，完善卫生法的体系结构。

三、结论[①②③]

通过对以上的问卷调查进行数据分析，目前我国器官捐献激励机制面临的问题众多，主要有：立法规范上的欠缺，导致相关责任、分工不明确；资金来源渠道窄，流通不畅；社会参与度低，社会救助范围小；相关机制不完善，管理体制不健全；机构监管力度小，社会监督基本无参与；传统思想观念的束缚；分配与信息交流的不流畅等。这些问题从各个方面影响了无资质医院寻找潜在捐献者。

通过查找文献、问卷调查、数据分析以及相关访谈，笔者结合国内外相关理论经验，在实践调查的基础上具体分析了广州市无资质医院寻找潜在捐献者机制建立和实施的可能性以及可行性。本论文针对如何建立鼓励机制、如何处理建立鼓励机制和运行鼓励机制中遇见的问题、如何提高鼓励机制实施的效力等问题做出一系列归纳总结，尝试设计出有效的解决方案。我国现今还没有成熟的器官捐献协作机制，有器官资质医院器官短缺，无器官移植资质医院承担着寻找、保管、运输等义务，却没有实质的收益，如果长期如此，必然趋向于畸形发展，因此，建立无资质医院寻找潜在捐献者鼓励机制是十分必要的。与此相关的各种措施与其主体相关问题也值得关注和进一步探究。

---

① Jeffrey P. Kahn, Francis L. Delmonico, "The Consequences of Public Policy to Buy and Sell Organs for Transplantation", *American Journal of Transplantation*, 2004, 2 (4), pp. 178 ~ 180.

② 申卫星、王琦："论人体器官捐献与移植的立法原则"，载《比较法研究》2005 年第 4 期。

③ Giles S, "An antidote to the emerging two tier organ donation policy in Canada: the Public Cadaveric Organ Donation Program", *Journal of Medical Ethics*, 2005, 31 (4), pp. 188 ~ 191.